VALABLE POUR TOUT OU PARTIE DU DOCUMENT REPRODUIT

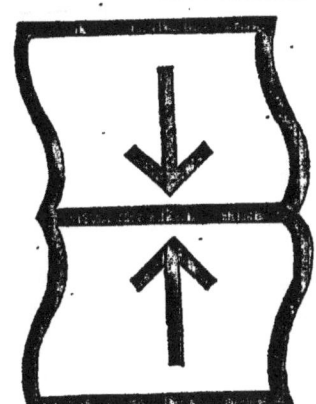

RELIURE SERRÉE
ABSENCE DE MARGES INTÉRIEURES

Couverture inférieure manquante

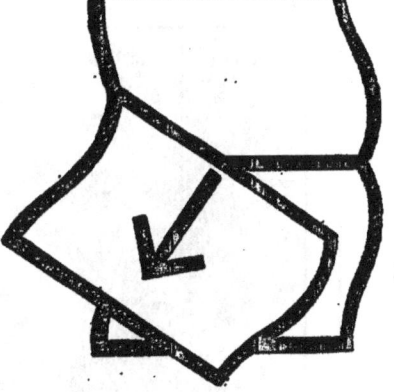

DÉBUT D'UNE SÉRIE DE DOCUMENTS EN COULEUR

ARMAND SILVESTRE

DES

MES MAITRES ET MES MAITRESSES

PARIS

8, RUE SAINT-JOSEPH,

Tous droits réservés.

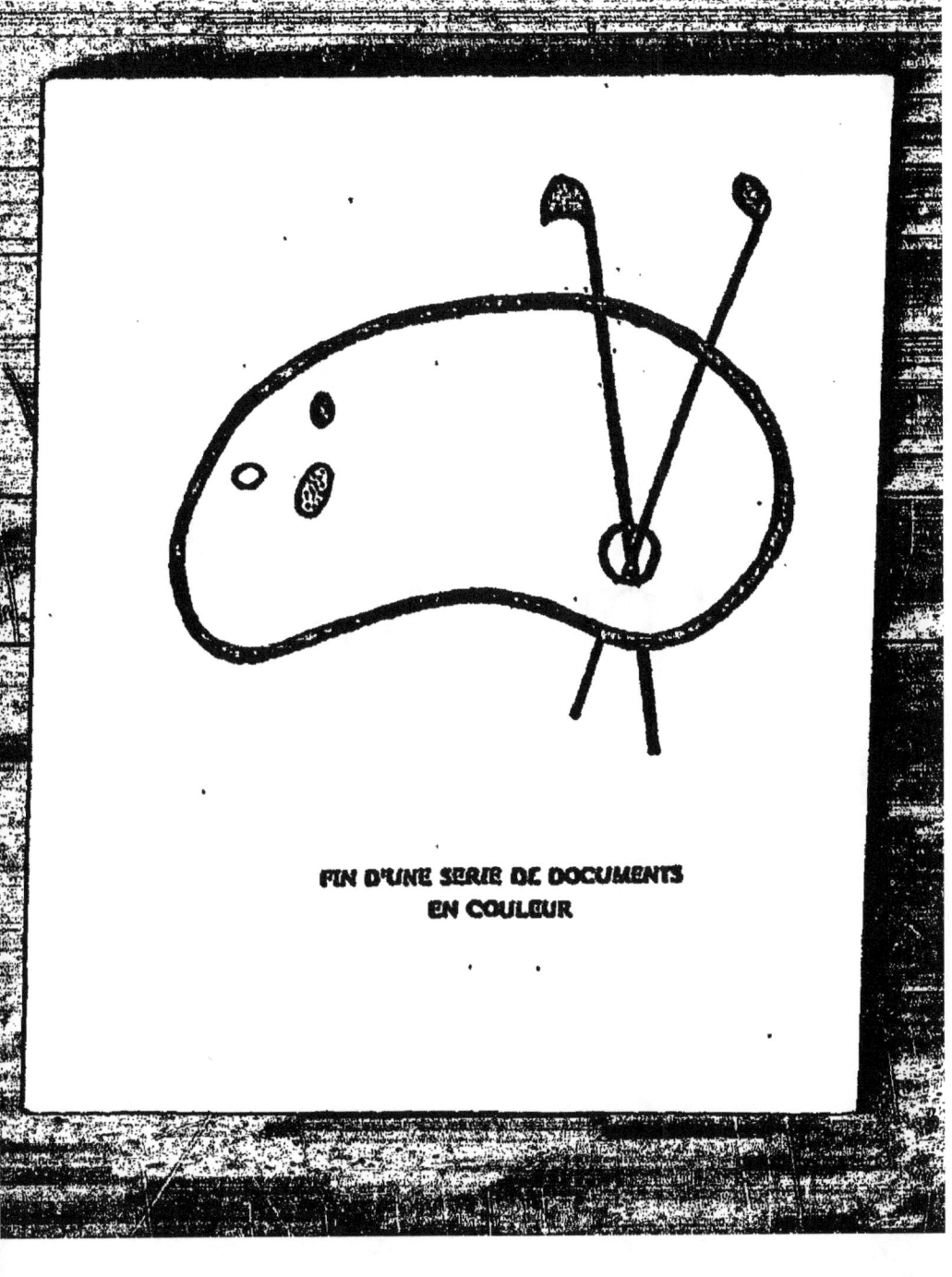

AU PAYS
DES
SOUVENIRS

ÉMILE COLIN — IMPRIMERIE DE LAGNY

ARMAND SILVESTRE

AU PAYS
DES
SOUVENIRS

MES MAITRES ET MES MAITRESSES

PARIS
A LA LIBRAIRIE ILLUSTRÉE
8, RUE SAINT-JOSEPH, 8

Tous droits réservés.

A MON AMI

CHARLES DESFOSSEZ

AVANT-PROPOS

J'ai noté, au caprice de ma mémoire, les traits de ceux qui me furent amis ou simplement curieux dans la vie littéraire. J'ai recueilli les pages écrites au hasard des voyages sur les villes qui me furent chères. Enfin j'ai rassemblé les quelques feuilles où les mémoires de mon enfance étaient écrits.

Il y a plus de moi-même dans ce livre que dans tous les autres, puisque je suis à l'âge où la plus grande partie de la vie appartient déjà au passé. Je l'ai composé avec un plaisir très particulier, parce qu'il est doux de se souvenir.

La fantaisie n'y tient aucune place. Tout y est vrai. Je n'avais rien à imaginer pour que mon cœur y trouvât des dettes de reconnaissance à payer, parce que j'ai rencontré de sincères affections dans le monde. Je n'avais pas à mentir pour y intéresser à mes anciennes tendresses, parce que j'ai beaucoup aimé.

ARMAND SILVESTRE.

PROFILS PERDUS

I

GEORGE SAND

J'attendais impatiemment l'inauguration de la statue de Millet sur la grande place de La Châtre. Car c'était encore pour moi une grande curiosité de savoir comment il avait compris George Sand. Non que je me défiasse un seul instant d'un talent éprouvé comme le sien ; mais je ne sais pas de tâche plus complexe que celle qu'il avait entreprise. Comment enfermer dans un bloc inerte le mouvement d'un des esprits le plus admirablement actifs de ce temps ? Comment faire rayonner au faîte d'un marbre la lumière dont vivait ce clair et brillant génie ? Comment échauffer la pierre des feux de cette âme ? Il y avait là de quoi troubler les plus hardis. Croiriez-vous qu'à l'époque où, sous la présidence de Victor Hugo, une Commission s'institua solennellement pour ériger un monument à

George Sand, dans Paris même, un des plus célèbres parmi les sculpteurs de notre jeune école me dit fort gravement qu'il ne la concevait pas autrement que sous les traits d'une amazone !

Il y eut plusieurs George Sand, en effet, sans compter celle-là, que nous laisserons à la fantaisie des admirateurs à venir, et qui ne sera peut-être pas la moins vraie. Il y eut la jeune femme qui, d'un grand essor littéraire, surgit éblouissante de beauté, de vigueur et de poésie, enivrée de nature et jetant aux échos les accents les plus passionnés qu'oreille humaine ait jamais entendus ; — il y eut la femme plus recueillie déjà, que les souffrances du siècle avaient touchée au cœur, dont les rêves généreux avaient couronné le front et dont Thomas Couture a laissé un magnifique portrait aux deux crayons : — il y eut enfin la femme vieillie qui sut entourer la fin de sa vie d'une souveraine dignité, l'aïeule sainte qui, des tendresses du foyer, fit à ses derniers ans une auréole, l'ouvrière obstinée d'une tâche de dévouement. C'est celle-là que je préfère à toutes, sans doute parce que c'est celle-là que j'ai connue et aimée !

Quel monde de souvenirs éveille en moi ce seul nom !

C'est en 1866 que je vis George Sand pour la première fois. Sans me connaître, elle avait écrit, pour moi, la préface d'un livre de vers dont elle avait trouvé et parcouru les épreuves chez Eugène Fromentin. Le livre est épuisé depuis longtemps, mais la préface a été réimprimée dans la collection Calmann Lévy et méritait cette exhumation; car elle contient de superbes aperçus sur la poésie. Témoin ces lignes merveilleuses : « Moi je dis que la lumière naîtra d'une sensation traduite par l'élan poétique. Une impression spontanée, chez un esprit supérieur, caractérisera tout à coup l'homme nouveau. Sera-ce l'amour ou la mort qui parlera ? Peut-être l'un et l'autre. Peut-être que, dans l'extase du plaisir, excès de vitalité, ou dans la volupté du dernier assoupissement, paroxysme de lucidité, l'âme se sentira complète. Alors la vraie poésie chantera son hymne de triomphe. Les mots esprit et matière feront place à un mot nouveau... » Comme tout cela est éloquemment dit et d'une belle envolée lyrique !

Fromentin était alors grand ami de Mme Sand. Je ne sais plus tard ce qui avait interrompu leurs relations, mais je sais que Fromentin pleurait, en me racontant comment, après trois ans passés sans la voir, elle lui avait ouvert les bras comme au fils prodigue, et l'avait appelé : son cher enfant !

Quand j'allai la remercier de ce bienfait inattendu, elle demeurait rue des Feuillantines, dans un petit appartement assez bas. Il était cinq heures; le jour d'hiver tombait ; il faisait sombre. Mais le modeste salon où elle me reçut me parut illuminé par sa présence. Il m'est resté dans l'esprit, je dirais presque dans les yeux, avec l'intensité que prennent sous les yeux les objets quand l'esprit est tout à une émotion. Une petite table en chêne avec un tapis, une chaise haute, au mur une superbe esquisse de Delacroix, le maître de son fils. Je ne pus trouver un seul vocable de reconnaissance. Mme Sand fut aussi quelque temps sans me parler, et le premier mot qu'elle prononça fut celui de timidité, — pour elle-même ! Je crois bien que nous n'avons pas dit vingt paroles à nous deux ce jour-là. Et cependant je sortis de là adopté, me réfugiant sous le patronage d'un esprit plein de grandeur et de tendresse, sentant en moi je ne sais quoi de filial pour ce génie clément aux faibles, pour cet être si plein d'une bonté pénétrante, pour cette femme auguste dont l'âge nimbait le front d'une auréole d'argent.

Elle ressemblait cependant encore, dans ce temps-là, au portrait dont j'ai parlé plus haut. Ce qui m'avait frappé, c'était la fermeté persistante de ses traits, malgré un certain embonpoint de visage. Ils donnaient l'impression de ces images de cuivre, où les rides elles-mêmes ont des vigueurs et des rigidités. Rien d'affaissé dans le développement du menton, rien qui sentît la vieillesse. Ses mains m'avaient surtout rempli d'admiration : de vraies petites mains d'homme, effilées aux doigts, légèrement charnues sur le dessus, et qui semblaient modelées dans un métal pur et souple à la fois, des mains faites pour le travail et les loyales étreintes... si petites avec cela ! Je n'en ai jamais revu de pareilles. Quand elles laissaient tomber, dans un verre à moitié plein d'eau, une cigarette achevée, elles avaient, en se relevant, comme un essor de papillon blanc qui s'envole.

Ce n'est que deux ans après que j'allai à Nohant pour la première fois.

On partait de Châteauroux dans une façon de diligence : trois bêtes efflanquées devant et un rustre au sommet, attachant ses guides au siège pour pouvoir mieux fouailler des deux bras. Une casserole derrière une agonie de chevaux. Je ne décrirai pas le paysage. C'est celui que George Sand a donné pour décor à ses plus admirables romans. A vrai dire, je ne l'aurais peut-être pas remarqué beaucoup, s'il ne m'eût fait revivre sous le charme des descriptions amoureusement lues. Mais des idylles se dressaient pour moi tout le long de la route. Tout paysan était un Champi, et toute mendiante une Fadette. J'étais hanté par ce monde charmant qui vivra dans l'immortalité de ses récits, comme celui des églogues de Théocrite, le grand Syracusain. J'ai compris alors combien un grand poète fait sienne la terre que foulent ses pas !

Assez uniforme, d'ailleurs, ce grand chemin, bien que bordé par des horizons d'un grand aspect,

Rien n'y annonce l'approche de Nohant, qu'un bouquet de gros arbres dissimule. A peine descendu, pourtant, j'étais au seuil de la maison... du château, comme on dit là-bas. J'ai mieux à faire qu'à en décrire l'ordonnance intérieure, qui, bien que simple, ne manque pas d'une certaine grandeur aristocratique. De hautes et larges pièces dominant le parc de toute la hauteur d'un perron monumental. O chère maison ! il me semble que, pour y avoir vécu si peu de temps, j'y ai laissé le meilleur de moi-même !

Mais que d'impressions j'en ai emportées en échange ! C'est là seulement, dans le milieu calme et plein d'affections saintes qu'elle avait choisi pour y vieillir, que George Sand était elle-même et tout entière. Ne se retirant que tard, pour travailler une partie de la nuit, elle donnait à ses hôtes, avec quelques heures de la journée, toutes celles de la soirée. Pendant que ses mains tourmentaient les pièces d'un casse-tête chinois ou habillaient une marionnette, — car elles ne restaient jamais inoccupées, ces petites mains vaillantes ! — elle causait avec un laisser aller plein de charme et un abandon plein de condescendance. Son esprit, trop créateur pour descendre à la critique, n'en formulait pas moins des jugements fort nets sur les contemporains. Je l'entendis un jour défendre Béranger, comme poète, avec une éloquence pleine de finesse. Elle devina la première, dans l'aînée des filles de Théophile Gautier, un écrivain de race, héritier du génie paternel. Elle n'avait jamais cessé de lire beaucoup, et concluait toujours quelque chose de ses lectures.

Mais c'est dans les promenades du soir, en été, promenades à travers le parc, et qu'elle terminait à la première tombée de la nuit, qu'elle était vraiment admirable à entendre! Elle y parlait volontiers des grandes choses de l'âme et de la vie avec la simplicité d'un esprit absolument sincère, confiant dans les destinées, n'éprouvant, d'ailleurs, aucun besoin de solemnité pour sonder les mystères de sa propre foi. Ah! que j'ai souvent maudit l'insecte dont le vol interrompait quelqu'un de ses aperçus magnifiques sur l'avenir, en réveillant ses appétits chasseurs de naturaliste! Il s'en est peut-être fallu d'un simple phalène venu à la traverse qu'elle m'ait converti à son déisme tranquillisant et à son spiritualisme consolateur!

Déisme d'artiste, car son plus grand argument était la beauté de la nature! Spiritualisme de privilégiée, qui sentait ses admirables facultés s'aviver encore aux étreintes de la vieillesse.

Chemin de joie, chemin de deuil, cette route de Nohant!

Après quelques voyages heureux, ah! le triste et dernier voyage! La nouvelle fatale n'avait été sue que tardivement à Paris. Quelques amis à peine avaient pu venir : Gustave Flaubert, Alexandre Dumas, Edmond Planchut, le prince Napoléon ; mais, tout le long de la route, les paysans endimanchés et tristes sous leurs habits de la fête, marchant tous dans la même direction, silencieux et recueillis. C'était une de ces journées indécises, où le soleil ne se montre guère qu'à l'aube et blanchit seulement un coin de l'horizon. Vers dix heures, les nuages avaient pris possession définitive du ciel et y couraient à peine au-dessus de nos têtes, poussés par un vent tiède. Comme le grand jardin me parut désert ! J'osai y marcher à peine ; le bruit de mes propres pas me faisait mal : il me semblait que j'effrayais des ombres chères et que toutes ces reliques insensibles me regardaient avec un air offensé.

Pendant qu'on discutait la question du service religieux, je me mis à parcourir, seul, le parc sous les premières fraîcheurs de l'ondée. Seul — pas tout à fait — le chien favori de George Sand, le pauvre Fadet, qui m'avait si bien fait, à ma première visite, les honneurs des moindres allées du jardin, vint me tenir un moment compagnie. Nous étions brouillés depuis ce temps-là, je ne sais pourquoi, — car Fadet était affreusement susceptible ; la douleur commune rapprocha, un instant, l'homme et la bête. Il marchait, la tête basse et la queue inflexiblement droite, à côté de moi ; puis, tout à coup, à un carrefour de peupliers, il me quitta brusquement avec un grognement plaintif.

On s'était mis d'accord. La cloche tintait pour les funérailles. Bientôt chacun avait franchi le seuil, derrière la bière, cueillant au passage une feuille de noyer, suivant la coutume du pays. La petite place disparaissait sous un égrènement de têtes nues. Tous les genoux étaient dans la boue. Le corps ne fit guère, d'ailleurs, que traverser l'église, sous une vague et inutile absolution. A deux pas, la fosse était ouverte, attendant sa proie. Quelques tertres tout autour, dont la plupart disparaissaient sous les herbes folles, indiquaient, seuls, qu'on était dans un cimetière ; toutes les floraisons des champs s'épanouissaient dans cet enclos, rarement visité. Par la bouche de Paul Meurice, Hugo lança à la morte cet admirable adieu : « Je pleure une morte et je salue une immortelle ! »

Et puis, tout fut dit. La foule se dispersa lentement en silence. Il pleuvait. Jamais les larges gouttes d'orage qui sonnaient sur les feuilles ne me parurent plus être des larmes !

Il y a trois ans déjà que Maurice Sand a ramené de Nohant le fameux théâtre de marionnettes qui occupait une si grande place dans les plaisirs simples qui y étaient goûtés. Réédifié par ses soins, à Passy, il y fonctionne à nouveau, et j'y ai vu donner déjà, depuis cette restauration, plusieurs ouvrages inédits. Quelque apparence enfantine qu'eût cette institution, elle n'en mérite pas moins un sérieux commentaire; car il est certain qu'elle tint dans la vie de George Sand une place que le caractère seul de celle-ci peut expliquer. N'est-ce pas sur cette petite scène qu'elle fit représenter, avant de les livrer au goût des directeurs et au caprice du public, toutes ses pièces, c'est-à-dire un œuvre dramatique considérable? Car on y reviendra au théâtre de George Sand, lequel est plein de qualités de premier ordre. On jouera, un jour, *le Pressoir* et *le Drac* aux Français, parce que ce sont deux chefs-d'œuvre de forme et de sentiment, qui ont leur place toute marquée auprès du *Mariage de Victorine*. *Le marquis de Villemer* tiendra le répertoire, soyez-en convaincus, plus longtemps que *le Monde où l'on s'ennuie*. C'est que sur la scène, comme dans le livre, c'est par le style que les ouvrages vivent. On s'en aperçoit bien toutes les fois qu'on veut reprendre aujourd'hui une comédie de M. Scribe. Et pourtant, ce dernier eut toutes les adresses du métier qu'on refuse communément à Mme Sand. Mais que vaut cela contre une pensée juste ou touchante exprimée dans une langue immortelle?

J'ajouterai que des comédiens même médiocres suffisent à faire valoir celles-ci. *François le Champi* peut se passer d'acteurs de génie. C'est si vrai, qu'on a pleuré aux pièces de Georges Sand jouées par ses marionnettes! Aussi attachait-elle à cette première épreuve une immense importance, et la vit-on faire des changements considérables après ces curieuses et intimes représentations. Elles avaient lieu, d'ailleurs, avec une solemnité qui eût pu sembler comique dans un autre milieu. Mme Sand et sa belle-fille se mettaient en toilette de soirée pour ce petit spectacle d'élus.

Le système de ces marionnettes était le plus simple du monde, celui que Guignol a popularisé. Ne me parlez pas, en effet, de ces odieuses petites poupées en bois, dont une série de fils de fer tenus par en haut secoue automatiquement les membres grossièrement agencés. Rien d'humain et de réellement vivant dans cette danse de Saint-Guy. Celles, au contraire, que dirige intérieurement le doigt plongé jusque dans la tête, participent à toutes les intentions intellectuelles de celui qui les fait mouvoir; et, de si loin que leur vienne cette secrète poussée de l'âme, elle suffit à les animer et à les faire vivre vraiment. Certains animaux exécutent, aux yeux des observateurs consciencieux, les pantomimes les plus compliquées avec les simples ondulations de leur queue. Ainsi l'homme peut exprimer bien plus de choses qu'on ne le croirait tout d'abord avec des mouvements restreints de la main. Les gens habiles à manier les acteurs d'un Guignol en font de petits êtres parfaitement dociles à leur pensée. De là le goût de plusieurs esprits fort distingués pour ce genre de spectacle, qui charma longtemps les après-midi de Charles Nodier, et pour lequel le pauvre Duranty a composé des ouvrages aussi spéciaux que réellement amusants. Pour revenir aux marionnettes de Nohant, Maurice Sand avait mis à leur service son goût d'artiste, et en avait fait des figurines d'une valeur plastique très supérieure. C'est dans du bois de premier choix qu'il leur avait sculpté des têtes vivantes comme celles des dessins de Daumier, ornées de toutes les couleurs de la jeunesse ou sillonnées par toutes les rides de la décrépitude, des têtes où revivaient des types cent fois entrevus. Quant aux yeux, ils étaient faits avec des têtes de clou, dont le luisant très doux finissait par contracter les caresses du regard. Restait le costume. Eh bien! il était traité avec une conscience d'archéologue, donnait lieu à des recherches de bénédictin, et c'était Mme Sand elle-même qui, du bout de ses doigts de fée, en assemblait les chiffons avec une merveilleuse coquetterie, oubliant le roman commencé pour ce travail d'aiguille, auquel elle excellait.

J'arrive au point important, à la psychologie qui se dégage de ces menus détails. Avec cette puissance de création, ou mieux, d'incarnation qui la faisait vivre elle-même dans les héros de ses livres, lesquels n'ont exprimé jamais que ses propres pensées. Georges Sand était arrivée à douer de la même intensité d'existence que des personnes réelles ces petits personnages de bois, ces marionnettes insensibles. Elle leur prêtait des sentiments en logique parfaite avec la nature qu'elle avait conçue pour eux, et en parlait avec autant de sérieux que des gens qui passaient dans sa vie. Chacun de ces acteurs avait son nom, son caractère, son individualité parfaite, depuis Balandard, régisseur général, excellent homme, mais comédien médiocre, qui n'avait jamais pu se guérir de la fâcheuse habitude de parler du nez, jusqu'à Mlle Eloa, la jeune première, créature sensible et plus femme à elle seule qu'Hélène, Cléopâtre et Manon Lescaut. Le fait est qu'elle était délicieuse, cette Eloa, avec sa perruque blonde en vrais cheveux, son nez à la grecque et le ton bleuâtre des deux petits bouts de fer rond qui rêvaient sous son sourcil, noblement dessiné d'un coup de pinceau. Son nom vient, malgré moi, sur mes lèvres avec celui des femmes autrefois aimées. Car on imagina, à Nohant, toute une intrigue entre cette comédienne et moi, et si la loi sur la recherche de la paternité, dont on nous doit gratifier, eût fleuri en ce temps-là, je ne sais à quelles extrémités de procédure se seraient portés contre moi mes hôtes indignés. Au fait, j'en ai peut-être aimé de plus insensibles que cette fille de hêtre, et dont le cœur ne battait pas davantage. Son souvenir est bien à sa place parmi les illusions dont j'ai revêtu des poupées vivantes qui ne la valaient pas. Ce que j'ai voulu établir, c'est que rien ne prouvait mieux les dons imaginatifs de George Sand et sa puissance de création que la vie dont elle avait animé ces petits personnages, vie attrayante, vie contagieuse ; car, à force d'en parler avec sérieux à ceux qui l'entouraient, elle leur inspirait la même vision et les enveloppait de l'atmosphère où se mouvait sa propre pensée parmi ces innocents fantômes. Il y aurait, certes, matière à philosopher sur cette faculté étrange, et les théories spirituellement panthéistes de Mallebranche y trouveraient une pittoresque confirmation.

Autre caractère à déduire de ces enfantillages sublimes : une sérénité d'âme sans défaillance ; le repos absolu d'une conscience qui, du faîte moral où elle s'était placée, jugeait sans terreur, comme sans faiblesse, la vie écoulée. Qui dira la majesté tranquille de cette aïeule dans la famille reconstituée autour d'elle, entre ses enfants et ses petites-filles, à qui elle-même apprenait à lire suivant une méthode ingénieuse dont elle a emporté le secret, sainte figure du foyer qu'aucun bruit du dehors ne trouble et pour qui rien du passé ne parle plus que par échos. La grande simplicité, exempte de tout embarras, avec laquelle George Sand parlait, dans l'intimité, de tous ceux qui l'avaient approchée, disait bien nettement qu'elle ne se sentait de reproches envers aucune mémoire. Ses jugements, très bienveillants à l'ordinaire, n'étaient rigoureux que pour quelques-uns; mais on y sentait alors le froid d'une implacable justice. Il demeurait clair qu'elle n'avait eu d'illusions que celles qu'elle avait voulu avoir, et que la lucidité naturelle de son esprit s'était exercée à travers les élans les plus généreux de son cœur. C'est en quoi on devinait surtout en elle une nature supérieure complète et d'une incomparable puissance. Les âmes débiles devaient se briser à ce roc. Demande-t-on compte au torrent des roseaux qu'il ploie et emporte? En descend-il moins des cimes pures? En reflète-t-il moins les transparences azurées du ciel? Elle avait en elle quelque chose de ces forces inconscientes, qu'il faut admirer même parmi les ruines qu'elles laissent après elles. Ceux qui ont parlé légèrement de sa vie ont eu tort de la mesurer à la toise commune. Le cœur était si haut, chez elle, qu'on n'y pouvait atteindre que lorsqu'elle daignait le baisser.

Mais avec quelle mansuétude infinie elle y laissait puiser les faibles, comme à une source toujours renaissante ! Sa correspondance est là pour proclamer cette bonté ineffable qui s'épanchait comme l'eau fécondante. Le quatrième volume, le dernier paru, est, à ce point de vue, le plus merveilleux comme enseignement. Quelle lettre admirable que celle où elle refuse d'accepter du gouvernement une récompense littéraire équivalente au prix que l'Académie gardait jalousement pour de meilleurs écrivains qu'elle ! « Si j'étais malade, infirme et dans la misère, dit-elle, je demanderais peut être ce que j'ai plusieurs fois demandé pour des malheureux. Mais je me porte bien, je travaille et je n'ai pas de besoins. » Et quelle dignité dans les lignes suivantes, que je trouve un peu plus loin : « Il ne me paraîtrait pas *honnête* d'accepter une générosité à laquelle de plus à plaindre ont des droits réels. Si l'Académie me décerne le prix, je l'accepterai, *non sans chagrin*, mais pour ne pas me poser en fier-à-bas littéraire et pour laisser donner une consécration extérieure *à la moralité de mes ouvrages prétendus immoraux.* » Je vous disais bien, plus haut, qu'elle n'avait jamais accepté, dans la pureté intime de sa conscience, les jugements dont ses livres et dont ses actes avaient été l'objet.

C'est son jugement, à elle, sur les uns et sur les autres que confirmera certainement la postérité. Celle-ci ne comprendra guère qu'un reproche d'immoralité ait pu s'élever contre des ouvrages où le culte fervent du beau est enseigné à chaque ligne, où les plus hautes passions vibrent avec un admirable accent de sincérité, où l'amour est déifié dans le plus magnifique des langages, et qui ne laissent jamais l'âme sans un sursaut vers les mondes supérieurs des sentiments et des idées.

II

THÉOPHILE GAUTIER

Quand parut, en 1866, mon premier volume de vers, celui-là dont George Sand avait écrit la préface, je le voulus apporter moi-même à Théophile Gautier. Je fis donc le pèlerinage de Neuilly où le poète demeurait déjà et j'allai sonner à la porte de la maison de la rue de Longchamps qu'il occupait au numéro 32. J'eus grand'peine à me faire entendre. Enfin une vieille demoiselle entr'ouvrit l'huis, un chat sur le bras; j'entendis, à l'intérieur, des aboiements de chien et des rires de jeunes filles. Je demandai le maître; il me fut répondu qu'il n'y était pas et je m'en allai tristement, après avoir remis mon volume à la vieille demoiselle. Je sus depuis qu'il n'était jamais parvenu à son destinataire, l'aînée des filles de Gautier ayant jugé à propos d'en gratifier immédiatement sa bibliothèque privée. J'ai fait bien des courses pareilles vers la même époque, et dans des buts semblables. Pourquoi celle-là m'est-elle demeurée si nette dans la mémoire? Pourquoi ai-je cru souvent revivre ce jour de printemps, dans cette petite rue ensoleillée, et pourquoi cette maison, qui n'avait rien de remarquable en elle, m'avait-elle laissé une image si vivante et si ineffaçable dans l'esprit? Etait-ce le pressentiment des longues heures que j'y devais passer, bien des années après, qui me hantait déjà? Pourquoi non? Certains lieux semblent prédestinés à nos joies et à nos tristesses, et on dirait qu'une inflexible loi nous y ramène aux heures voulues. Peut-être était-ce, beaucoup plus simplement, la grande curiosité dont la personnalité littéraire de Gautier m'avait saisi et qui se répandait sur les moindres choses le concernant.

C'est au collège, en rhétorique, que j'avais, pour la première fois, lu ses vers. De tous les poètes français, André Chénier, si fort imprégné du génie grec, était alors celui que j'aimais le mieux, et je ne concevais pas qu'on pût procéder actuellement d'un autre, tant il me semblait avoir heureusement renouvelé la langue rythmique si fort affadie par les pseudo-classiques. Les petits poèmes de Gautier d'une forme si impeccable, d'une couleur si éclatante, d'une inspiration si originale me bouleversèrent absolument. Cette précision dans l'image, ce soin musical de la rime, cet admirable usage du verbe toujours mis à sa place, l'étrangeté de certains mots sonnant, dans les phrases, comme des cymbales indiennes, tout en était nouveau et inattendu. C'est que Théophile Gautier fut un Chénier à sa manière, un rénovateur de la langue française, un Maître dans la plus haute acception du mot. Son rôle est immense dans la poésie contemporaine. Il en inventa l'ode comme Victor Hugo l'épopée. Il commença l'œuvre dont Théodore de Banville devait atteindre le couronnement.

Durant plusieurs années je vécus sur le souvenir de ma première visite, non pas à Gautier, mais aux murailles du temple où respirait le dieu. Je le connaissais par ses portraits et pour le rencontrer quelquefois sur le boulevard, majestueux parmi la foule, immédiatement reconnaissable à sa chevelure Mérovingienne et à sa barbe fleurie, sachant, seul au monde, porter sans impertinence le lorgnon traditionnel, l'air bienveillant, doux et indifférent. Mais chez moi l'admiration prend volontiers d'abord la forme de la terreur. L'émotion que m'inspiraient ces rencontres était plutôt pour me les faire éviter que rechercher. Je descendais de loin, du trottoir, quand je l'apercevais, ne me trouvant pas digne de fouler le même sol que ce grand artiste.

C'est en 1871 seulement, après la guerre, que je lui fus officiellement présenté par Arsène Houssaye qui venait de fonder un journal : *La Gazette de Paris*, et en avait donné le feuilleton dramatique à son illustre compagnon de jeunesse. Disparue, *La Gazette de Paris* après quelques heures d'éclat. Elle mérite bien, au passage, un mot de souvenir. C'était une grande feuille politique faite par un poète. Vous allez immédiatement juger la place qu'y occupait le souci des affaires publiques : ce fut moi et un de mes plus brillants confrères du journalisme léger qui furent choisis, pour parler aux populations des choses du gouvernement. — « Mais nous n'y entendons rien ! » nous étions-nous écrié l'un et l'autre à cette étrange proposition — « Précisément, c'est ce que je veux, nous avait répondu Arsène Houssaye. Contrairement à ce qu'on pense d'ordinaire, la politique est un art naïf, un art de bon sens. Ceux qui en font leur carrière sont absolument insupportables. Vous direz tout ce qui passera par votre tête et ça sera certainement moins ennuyeux, probablement plus raisonnable. » — « Mais nous n'avons pas du tout les mêmes aspirations. » — « C'est encore ce que je recherchais avant tout. Les opinions sont actuellement très divisées en France, et un journal qui se respecte doit leur donner satisfaction à toutes. Vous ferez alternativement l'article de fond. Celui de Silvestre, qui était jacobin sous l'Empire, aura pour titre : *Lettres de l'Extrême gauche*, et le vôtre, mon cher X..., paraîtra sous la rubrique : *Lettres de l'Extrême droite*. Rien pour les opinions moyennes qui n'ont pas besoin d'être spécialement représentées, puisqu'elles résultent d'un compromis entre les extrêmes. Allez ! Et évangélisez, en conscience, les gobe-mouches qui aiment cette littérature-là. »

Ainsi parla le doux philosophe qui dota l'Académie d'un fauteuil de plus. Il n'y avait pas à répliquer. Huit jours après, je terrorisais, trois fois la semaine, les conservateurs, et X... annonçait aux nouvelles couches le retour de son roy bien-aimé sur un cheval blanc. Ah ! nous n'y allions pas de main morte ! Comment nous dépassâmes la mesure au point d'étonner le patron lui-même, ce qui n'est pas facile, et de le décider à refréner notre lyrisme extra-parlementaire, c'est trop drôle en vérité pour que je ne vous le conte pas. Un jour X... arriva au journal très affairé... Un enterrement tout à l'heure... Article pas fait... — « Mon cher Silvestre, finit-il par me dire, prenez, je vous en prie, ma place aujourd'hui, dites ce que j'aurais dit et autant que possible comme je l'aurais dit. Demain je ferai votre lettre de l'Extrême gauche pour vous. Ce matin je vous confie celle de l'Extrême droite. » C'était un chassé-croisé de partis; une palinodie effroyable. Mais bah ! une fois ! Il faut bien obliger un camarade. D'ailleurs il serait doux, le lendemain, d'aller manger une friture au Bas-Meudon, en aimable compagnie, au lieu de faire du sous-Rochefort à tant la ligne. J'acceptai. Après tout, ce n'est pas en mon nom que j'allais officier.

Mais j'éprouvai alors combien il est difficile aux honnêtes gens de parler contre leur pensée. Ce me fut une incroyable torture d'esprit que de me demander ce qu'un légitimiste pouvait bien dire, et, de peur d'être un monarchiste timide, je dépassai ce qui pourrai servir de *desideratum* à un tyran. Je demandai hardiment le rétablissement des privilèges, la restauration immédiate du droit de jambage qui m'a toujours paru le plus précieux de la noblesse, le relèvement de la Bastille agrandie, l'inquisition, la Saint-Barthélémy, etc.., etc... — « Un peu vif l'article de X...! » dit simplement Houssaye. Mais ce fut bien pis le lendemain ! X... aussi, qui était convaincu et consciencieux, voulut bien faire les choses pour moi et ne me pas laisser la renommée d'un démocrate à l'eau de rose. En style de Père Duchesne, il réclama la guillotine en permanence, une nouvelle édition des massacres de Septembre, une statue de Carrier à Nantes, une édition nationale des œuvres de Marat, etc., etc... — « Silvestre va me faire envoyer à Nouméa » pensa Houssaye. Et, comme ce Parisien exquis ne pouvait supporter l'idée d'être arraché aux boulevards pour aller habiter une hutte par delà les mers, il interrompit notre collaboration en partie double. L'idée n'en était pas moins féconde, puisqu'elle vient de faire la fortune d'une feuille nouvelle.

Pour piquante que soit l'anecdote, elle ne m'en a pas moins fort écarté de mon sujet. C'est donc à la *Gazette de Paris* que je commençai à connaître Théophile Gautier, n'osant pas lui parler encore, mais l'écoutant avec religion. Arsène Houssaye avait su donner à ce petit groupe, et cela immédiatement, toutes les cordialités de la camaraderie ; car nul ne s'entend mieux que lui à mettre les gens à l'aise, et je ne sais pas de causeur qui donne davantage le goût de la causerie. Le feuilleton dramatique paraissant le dimanche, Théophile Gautier déjeunait avec nous pour corriger ses épreuves. Je revois encore la grande table dressée dans une salle de rédaction transformée en salle à manger, et le défilé des plats, toujours les mêmes, qu'on peut faire venir du restaurant le plus voisin, poulets qualifiés de chapons sur un menu calomniateur (mon Dieu, n'est-ce pas assez de manger les bêtes sans les déshonorer !), homards mélancoliques dans leur pourpre comme des rois, canetons attribués à Rouen à qui ne suffit plus la gloire de Corneille. Et les vins donc ! Tout ce qu'Argenteuil produit de mieux en Haut-Bourgogne et en Bordeaux de la comète. Nous n'en étions pas moins à une table royale, le Maître transformant tout autour de lui, comme dans je ne sais plus quel conte de fée, en mets délicieux et en superbes pierreries. Je connus là un Gautier bien portant encore, exubérant, éclatant, et j'admirai tout d'abord avec quelle bienveillance il se montrait à nous, les obscurs, et descendait de l'Olympe où je persistais à le voir assis, des foudres sous les pieds, et tendant à Ganymède ou à Hébé une coupe d'or. C'était un enchantement de l'entendre. Rien de plus charmant que les souvenirs qu'il échangeait avec Houssaye relatifs à leur vie commune et laborieuse d'autrefois, au noble temps du romantisme, quand Gérard de Nerval était leur commensal et leur hôte, dans cette pléiade idolâtre de Victor Hugo, où brillaient, astres de troisième grandeur, la fantaisie macabre de Petrus Borel et le lyrisme étouffé de Philothée O'Neddy. Pauvre Philothée O'Neddy! Bien des années après seulement il avait revu Gautier dans tout l'éclat de sa renommée, au dîner que suscita le livre de Charles Asselineau, et Gautier qui ne l'avait pas rencontré depuis trente-cinq ans l'avait tutoyé, familier et bon comme autrefois. Le vieil auteur de *Feu et Flamme*, pour qui la vie avait été si dure et la gloire ingrate, avait les larmes aux yeux en me contant cela.

Pendant la longue période qui précéda mes visites presque journalières à la maison de la rue de Longchamps, ce fut par George Sand surtout que j'appris à connaître Théophile Gautier. Il n'est pas d'homme, en effet, dont elle parlât plus volontiers et avec une plus constante affection, et elle en comprenait le talent admirable avec cette finesse d'impression qui permet au génie d'apprécier ce qui est le plus contraire à sa propre nature. Il serait malaisé, en effet, d'imaginer deux tempéraments littéraires plus différents que celui de l'auteur de *Lélia* et celui de l'auteur de *Mademoiselle de Maupin*. Gautier était, avant tout, pittoresque et d'une admirable précision picturale dans la description, qu'il traitait en paysagiste de l'école du Poussin. Ce qui est tout à fait étonnant dans George Sand, c'est qu'elle décrit fort peu et vous donne l'impression très nette et très profonde des choses de la nature, des sites où se promènent ses héros, en quelques lignes où ni les couleurs ni les formes ne sont désignées. Gautier faisait voir, et elle fait sentir. Prenez la *Mare-au-Diable*. George Sand vous a transporté en plein Berry, et je ne sais pas de livre plus imprégné d'une saveur de terroir. Cependant vous y chercheriez en vain ce que les romanciers de l'école naturaliste prodiguent dans leurs volumes, au point de sacrifier à l'intérêt des lieux celui de l'action. La façon descriptive de George Sand rappelle les ébauches de Delacroix. Elle a souvent des splendeurs lyriques. Témoin cet admirable vers sans rime que je trouvai dans l'*Uscoque* :

Le soir est teint d'or pâle et de pourpre enfumée.

La façon d'être de Théophile Gautier n'était pas pour moins surprendre George Sand que les qualités si personnellement magiques de son style. Les côtés abracadabrants de son esprit, les côtés capitaine Fracasse et gamin, le plaisir qu'il prenait à étonner en charmant, son humeur bruyante et brillante, tout contrastait, tout était antithèse avec la simplicité sincère et presque naïve quelquefois de George Sand. A part qu'au fond, l'un et l'autre étaient extraordinairement timides, il était impossible de se ressembler moins dans la conversation et de professer une esthétique aussi dissemblable. Eh bien ! par cette action étrange que les extrêmes exercent parfois l'un sur l'autre, nul de ses adeptes, nul de ses admirateurs, pas même Charles Beaudelaire, qui l'avait justement salué, dans la préface des *Fleurs du Mal* : « le poète impeccable, le grand magicien ès-lettres françaises, » n'était plus ravi et plus complètement que George Sand par les œuvres de Gautier. Elle aimait l'homme autant qu'elle adorait l'artiste, et parlait avec un attendrissement singulier de ce faux bohême, de ce faux viveur, de ce faux impassible que le souci de sa famille courba, toute sa vie, sur sa tâche comme un ouvrier.

Une seule fois, je crois, un mot de Théophile Gautier avait assez étonné George Sand pour qu'elle le racontât souvent, comme on parle des choses dont on n'a pas encore tout à fait pris son parti. Elle professait pour Renan un véritable culte et prenait à son entretien un plaisir de délicate. Or Gautier ne connaissait pas Renan et ne mettait aucun empressement à le connaître : au fond il lui reprochait peut-être d'avoir quitté l'habit sacerdotal; car Gautier avait pour les prêtres de

outes les religions une vénération qui tenait de la
erreur. Jamais il ne souffrait qu'on les plaisantât
devant lui, et je l'entendis répondre un jour ce mot
phénoménal à un homme de lettres qui se lamen-
tait devant lui parce que sa mère avait eu des fai-
blesses pour le curé de sa paroisse : « Et qui de
mieux qu'un prêtre, Monsieur, voudriez-vous que
Madame votre mère eût pour amant? Vous n'avez
donc aucune religion? » Donc Gautier était peu
porté à faire la connaissance de l'auteur de la *Vie
de Jésus* et aucun courant sympathique ne l'attirait
vers ce délicieux romancier biblique. Or, madame
Sand avait les enthousiasmes apostoliques, les ad-
mirations dominatrices, cette belle foi qui veut
que nos amis partagent tous nos sentiments et
toutes nos joies. Elle n'eut donc pas de repos que
Gautier, domptant son instinctive antipathie, eût
accepté de dîner avec l'homme dont elle lui chantait les louanges sur les rythmes et sur les modes
les plus variés. La rencontre eut lieu chez Magny
où George Sand, quand elle était à Paris, avait
coutume de réunir ses intimes dans le petit salon
de droite, en entrant, au rez-de-chaussée, lequel
lui était ordinairement affecté.

Renan est un grand charmeur, — un pêcheur
d'hommes, comme le Christ, dont il a fait une
figure humaine plus captivante que la divine. Il
était trop fin pour n'avoir pas senti qu'il avait une
conquête à faire. Il fut merveilleux de verve douce,
de langage lumineux, audacieux et persuasif à la

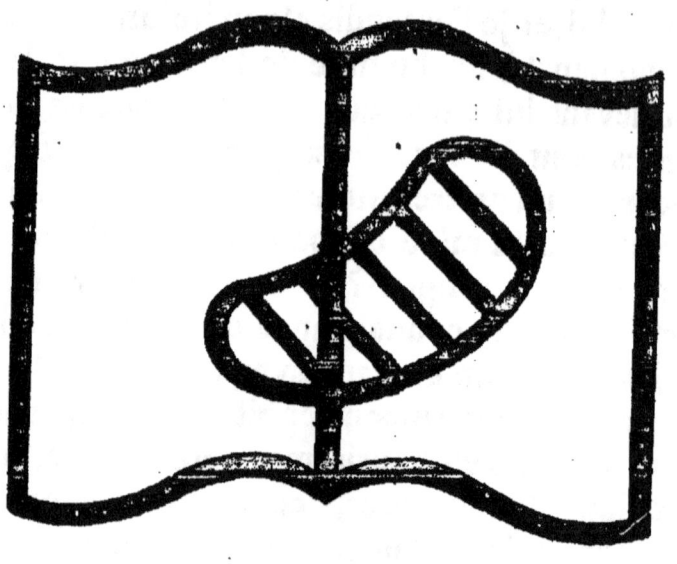

Illisibilité partielle

VALABLE POUR TOUT OU PARTIE DU DOCUMENT REPRODUIT

fois, poète à ravir, — car je ne sais pas de plus beau poète en prose que ce grand prosateur. — Madame Sand avait bu ses paroles et Gautier l'avait écouté avec cette béatitude douce qu'il prenait en même temps aux choses de la pensée et à celles du corps, également fait pour goûter, dans toute sa saveur, un bon repas et un régal littéraire de cette valeur. Quand Renan fut parti, madame Sand, absolument enthousiasmée et ne doutant pas de la conversion de son ami, demanda, fiévreuse, à Gautier :

— Eh bien, comment le trouves-tu?

— Je le trouve un peu calotin, répondit Gautier avec son impassibilité voulue, en posant son lorgnon sur son bel œil doux de ruminant.

Le mot fut dur à George Sand. D'autant qu'elle en pénétrait le sang-froid volontaire et menteur. Car un artiste comme Gautier n'était pas pour méconnaître un artiste comme Renan.

J'ai dit que son esthétique était aussi différente que possible de celle de madame Sand. La vérité est que madame Sand n'en professait aucune, s'abandonnant aux plus merveilleux dons de styliste, aux qualités natives les plus prodigieuses qu'écrivain ait jamais possédés. Les grands mouvements d'une âme toujours inquiète se traduisaient, chez elle, dans une forme originelle splendide, comme ceux de la mer dans les courbes harmonieuses, puissantes, roulées en volutes festonnés d'argent des vagues. Gautier, lui, était un sculpteur et ciselait de ses propres mains les somptueux contours de sa pensée. Il avait pour la régularité en art, pour la pondération savante des lignes une admiration sans bornes. Par cela, il était bien de la race latine. Le Parthénon était certainement son idéal, comme il était demeuré celui de l'art latin. On concevait qu'un art plus purement plastique l'ait d'abord tenté avant la poésie, et c'est le lieu de parler de Gautier peintre.

J'ai vu plusieurs morceaux de lui, mais non pas le plus important, qui figure dans une église provinciale. Il m'est cependant permis de porter un jugement que cette œuvre inconnue ne saurait détruire. Ce merveilleux coloriste de la plume n'était plus coloriste, le pinceau à la main. Explique cela qui pourra. On se figure une palette de Gautier incendiée de tons fulgurants. Rien de plus raisonnable au contraire, de moins romantique, de plus sage, de plus classique, dans le sens le moins louable du mot, que sa peinture. Il n'était pas nécessaire, d'ailleurs, de causer bien longtemps des maîtres contemporains avec lui pour se convaincre qu'Ingres était celui qu'il aimait davantage, dont il était le plus profondément attendri et charmé. Et cependant, nul n'a parlé de Delacroix et de Decamps, de Rousseau et de Corot avec une éloquence plus fougueuse et, —ajoutons-le, — plus sincère. Mais c'est toujours parce que l'ampleur d'esprit qui permettait à George Sand de le goûter lui-même lui permettait aussi de comprendre le beau sous les formes les moins sympathiques à ses goûts personnels, à sa propre nature d'artiste.

Un fait frappant, à ce sujet. On a beaucoup reproché à Gautier de ne pas aimer la musique. On lui attribue ce mot que « c'est le plus ennuyeux de tous les bruits parce que c'est celui qui dure le plus longtemps. » Parbleu ! tout homme condamné à entendre pianoter des jeunes filles dans sa propre maison n'a pour le clavecin qu'une médiocre amitié. Mais Gautier était fort sensible à la musique. Un de ses plus intimes amis n'était-il pas l'organiste Laffite, un homme de grand talent qu'emporta une mort prématurée ? La vérité est que, repu chez lui de sonates, il ne courait pas après l'occasion d'entendre des opéras. Ce fut pourtant lui qui fut chargé, par je ne sais plus quelle circonstance, de rendre compte de la représentation du Tanhauser à l'Opéra. Eh bien, personne des critiques musicaux de profession ne comprit aussi bien, du premier coup, l'esthétique assez complexe pourtant de Richard Wagner, et le feuilleton qu'il laissa sur ce sujet est certainement un des plus beaux qu'il ait jamais écrits. Un autre écho de cette mémorable soirée où l'hospitalité française se montra sous un jour intolérant bien peu digne de sa renommée : Gautier avait emmené sa fille Judith à cette représentation et tous deux, dans un entr'acte, rencontrèrent Berlioz ; celui-ci parla en termes si violents et si peu ménagés de Tanhauser, que mademoiselle Gautier, qui ne le connaissait pas, ne put s'empêcher de lui dire : — Il faut, Monsieur, que ce soit bien beau, pour qu'un confrère en dise tant de mal !

Il était naturel qu'ayant, pour la régularité mathématique des formes et des arrangements, un goût tel qu'il ne pouvait rien supporter qui ne fût absolument conforme aux règles et condamnait, par exemple, d'une façon absolue, bien que les maîtres de notre poésie en aient écrit quelquefois, les sonnets libertins, c'est-à-dire ceux où les deux quatrains ne sont pas sur deux rimes seulement, il était naturel, dis-je, que Théophile Gautier cherchât dans les autres éléments du style que la structure des strophes ou des phrases un élément de diversité. Cet élément, pour lui, c'était le mot. Il y attachait une importance telle qu'il avait coutume de dire que le meilleur écrivain était l'homme qui connaissait le plus de mots. Il regardait le dictionnaire comme le plus précieux des collaborateurs. Beaucoup se sont récriés en croyant trouver dans ses vers des mots de fantaisie. Ils se sont trompés. Théophile Gautier était la conscience même, et il était incapable de donner cours à un vocable dont le sens n'aurait pas été précisé par d'autres avant lui. Seulement la découverte d'un mot français nouveau le mettait dans de véritables joies d'enfant.

Les notes intimes que publient sur les hommes illustres ceux qui ont eu l'honneur de les approcher, ont surtout pour but d'aller à l'encontre de la légende. Je ne trouve rien de plus absurde que le proverbe qui dit « qu'il n'y a pas de grands hommes pour leurs valets de chambre ». Je crois, au contraire, que ceux qui ont vraiment mérité ce nom apparaissent plus vraiment grands à leurs familiers qu'au vulgaire qui les connaît moins. Seulement ce n'est pas de la même façon. La grandeur réelle de l'âme et du caractère ne consiste pas à sortir de l'humanité, mais à y incarner une nature supérieure à celle du plus grand nombre, à y réaliser un type plus glorieux pour l'espèce que ceux que nous avons accoutumé de fréquenter. Cette conviction m'est venue également à propos de George Sand et à propos de Théophile Gautier.

La légende fit de celui-ci un impassible, un pantagruélique, un bon vivant, un matérialiste, non pas dans le sens Lucrétien mais dans le sens Roger Bontemps du mot. On ne pouvait se tromper plus grossièrement sur le fond de son être, en dépit d'apparences qui, je le veux bien, prêtaient à la contradiction. Mais le côté exubérant de Gautier, son vacarme de mots abracadabrants, libres, voire obscènes, tout cela était pour la galerie et ne lui servait qu'à voiler une certaine timidité, comme la peur qui s'évapore en chansons sur les routes solitaires et nocturnes! Impassible, lui! nul ne fut plus sensible. Bon vivant! Nul ne sacrifia plus constamment au devoir ses appétits. Indifférent en morale! Il était plus que quiconque esclave de sa conscience.

Ah! la belle vie qu'il mena pour un pantagruélique! Esclave de la copie, chargé de famille, produisant sans trêve à l'époque où la production littéraire ne rapportait pas ce qu'elle donne aujourd'hui à ceux qui s'y consacrent, il eut bien le loisir vraiment de s'aimer soi-même et de se complaire à la satisfaction de ses propres goûts! Sa maison se composa longtemps de ses deux filles et de leur mère, d'un fils qu'il avait d'un autre lit et de ses deux sœurs qu'il avait recueillies. Six bouches à nourrir avant de songer à son propre appétit, sans compter les convives qu'une hospitalité toujours ouverte amenait à sa table. Ceux qui savent la mince bouchée de pain qui se tient au bout d'une plume se rendront compte de la peine dont il vécut avant de mourir.

Vertus bourgeoises! Ne rapetissez-vous pas le fougueux romantique dont le gilet rouge illuminait, comme une braise, la première représentation d'*Hernani*? Non! je prétends le grandir, au contraire, en montrant quel homme de bien, quel sage vivait dans cet héroïque, dans ce vaillant de toutes les heures, et de quelle haute probité était doublé ce beau courage, de quel amour du travail, de quelle résignation profonde et douce!

Les siens, Hugo, la France. Triple adoration dont il était pétri jusqu'aux moelles, imprégné jusqu'au plus profond des chairs. J'ai dit ce qu'il était comme père et comme frère. Pour dire ce qu'était sa fidélité dans l'amitié et dans l'admiration, je n'aurai qu'à rappeler qu'il donna sa démission de rédacteur du *Moniteur universel*, alors *journal officiel*, parce qu'on avait prétendu l'empêcher d'y louer, comme il l'entendait, Victor Hugo proscrit, Victor Hugo dont on aurait pu écrire, comme Virgile de son cher Gallus :

Tu procul a patria ! nec sit mihi credere tantum !

Un mot maintenant de Théophile Gautier citoyen. Il était allé prendre un peu de repos en Suisse dans l'hospitalière maison de Carlotta Grisi, le lieu du monde où il se plaisait davantage, celui où le ramenait une tendresse inavouée, quand le bruit de nos défaites sur le Rhin et la grande rumeur de la débâcle impériale parvinrent jusqu'à lui, par-dessus les cimes qui l'enfermaient derrière un profond rideau de verdure, dans l'écho frôlant les grands lacs tranquilles où le suivait son image dans un frisson d'argent. Les pas lourds des Saxons sur la terre maternelle sonnèrent jusque dans son cœur, où se révolta le limon originel. Les barbares marchèrent sur Paris. Gautier poussa un vrai cri de douleur. Il avait alors cinquante-sept ans et était affranchi de toute obligation militaire. Rien ne put cependant le retenir, et c'est par ces paroles vraiment sublimes, dans leur simplicité tendre, qu'il répondait aux supplications de ses hôtes : « On bat maman, je pars !... » Et il fut s'enfermer dans la grande cité qu'un immense cercle de fer allait étreindre dans ses murailles, y emprisonnant avec elle, *malesuada fames*, la faim qui conseille les lâchetés, et le froid qui ôte la vigueur aux pusillanimes.

Je le rencontrai plusieurs fois pendant le siège ; n'ayant pu rentrer dans sa maison de Neuilly que balayait le vol sifflant des obus, il s'était retiré rue de Verneuil, où il prit sa part des privations communes ; que dis-je ! une part plus grande que tous les autres ; car à ce travailleur robuste il fallait un certain bien-être extérieur, et de toniques aliments. Mieux assurément que je ne pourrais le faire, il traça ses impressions sur cette époque dans un volume qui me semble un des plus beaux qu'il ait composés : *les Tableaux du siège*. Ce sera, avec les *Idylles prussiennes* que Théodore de Banville écrivait en même temps, ce que l'art nous aura laissé de plus vivant et de plus vrai sur ces temps d'héroïsme douloureux, où les nobles qualités du caractère français éclatèrent, montrant Paris souriant avec la faim au ventre, inaccessible à la peur, les regards tournés vers une inépuisable espérance. Oui, tandis que Gounod pleurait sur les bords de la Tamise le *Super flumina Babylonis*, Théophile Gautier, fidèle aux rives désolées de la Seine, apprenait à tous qu'un grand artiste ne se doit pas dérober aux communs devoirs et que la gloire ne dispense pas du courage.

Mais ces grands sentiments, accessibles seulement aux âmes les plus élevées, se paient souvent de la vie, et le soldat qui meurt la poitrine trouée sur un champ de bataille n'est pas la seule victime de ces guerres odieuses, où s'affirme la politique des gouvernants et où se cimentent, dans une boue de sang, les dynasties ébranlées, les alliances compromises. La santé de Gautier reçut un tel ébranlement de ces émotions incessantes et de ces privations quotidiennes, qu'elle ne s'en releva jamais. Il y avait dans les journaux tout un petit monde de malins, cette plèbe alors naissante des reporters et des échotiers qui vivent largement de la réclame, à qui ne manquaient ni les derniers poulets des restaurants, ni les suprêmes primeurs que produit le jardinage en chambre. Ceux-là purent conserver leur estomac précieux. Mais le pauvre Théophile Gautier, — lui-même me l'a conté, — vécut souvent d'un pierrot maigre tué sur une fenêtre, lui à qui n'avaient jamais fait peur les deux ailes d'un faisan additionnées de sa carcasse et des deux cuisses, le tout sans préjudice d'un fastueux assaisonnement. Cet homme puissant devint anémique. Son cœur se prit. Jamais il ne se releva de ce qu'il avait alors souffert, et si lent que fût son mal, il ne mit que trois ans à en mourir. Un instant on espéra le sauver par le régime lacté, mais le dégoût l'en prit, et puis l'interdiction de l'usage du tabac fut au-dessus de sa bonne volonté de vivre.

Ce fut avant cette chute définitive et le commencement de cette agonie de près d'une année qu'eut lieu le mariage de sa seconde fille avec le poète Émile Bergerat, l'auteur de cette *Enguerrande* qu'anime, par places, un souffle vraiment shakespearien. Certes, c'eût été une grande fierté pour Gautier d'assister à l'éclosion de cette œuvre. Je le vois encore le jour de la cérémonie, dans son large fauteuil, en cravate blanche comme un officier public, impatient sous le fer qu'une de ses sœurs promenait dans ses cheveux pour en boucler les mèches magnifiquement noires encore et retombant sur son cou comme celle d'un roi assyrien. Tout en jurant il ne se déplaisait pas à cette coquetterie, ayant gardé la conscience de sa virile beauté. Tout était en fête dans la petite rue de Longchamps pleine de curieux, et ce fut un amusant défilé jusqu'à l'église qui est presque vis-à-vis. — Détail comique : Gautier, dont la toilette faite de vêtements neufs était irréprochable, n'avait pu trouver qu'un vieux chapeau au moment de sortir. Il avait entrepris avec Arsène Houssaye une discussion picturale qui fut à peine interrompue par l'office.

Puis on revint à la maison, et les amis se pressèrent autour de la table en fer à cheval qui emplissait le petit salon où Gautier avait installé son modeste musée. C'est la première fois que je le vis avec une joie bruyante sur le visage. Encore ne descendait-elle pas jusqu'au cœur, car lorsque sa fille l'eut quitté pour suivre son mari, des larmes lui montèrent aux yeux, de belles larmes qui roulèrent silencieuses sur sa barbe olympienne. Quel impassible que ce père, n'est-ce pas ?

Bientôt l'enfant pleuré et son gendre revinrent auprès de lui. Bergerat m'entretenait alors des projets « du père », comme il l'appelait, quand sa santé serait meilleure, d'immenses projets de travail avec des gains fabuleux, répandant autour d'eux et sur tous la fortune. Une armée de grooms devait disperser la copie dans les journaux de Paris. On aurait bientôt besoin d'un ou plusieurs garçons de recettes pour opérer les rentrées... Chimères de malade où son esprit s'amusait, chimères qui s'envolaient de ses lèvres avec la fumée de son cigare !

La façon dont Bergerat lui avait été connu mérite qu'on la signale. C'était tout de suite après la guerre. C'est une honte à évoquer dans la mémoire : mais Théophile Gautier était sans place dans aucun journal, lui le grand ouvrier, sans un sou d'économie ! Bergerat, qui avait appris cette situation critique chez l'éditeur Lemerre et qui écrivait alors au *Bien public*, s'en alla trouver résolument ce pauvre Henri Vrigneau qui vient de mourir et qu'on a tant calomnié. Vrigneau n'hésita pas, et fit demander à l'illustre poète, pour sa feuille quotidienne, cette histoire du Romantisme qui demeura inachevée. Ici un mot bien typique de Gautier et qui le peint tout entier dans sa délicatesse littéraire, dans son honnêteté scrupuleuse d'écrivain : en lui faisant cette offre, le rédacteur en chef du *Bien public* s'excusait de ne pouvoir payer la copie que cinq sous la ligne : « Je n'accepterais pas davantage, répondit Gautier ; car au temps où j'avais le plus de talent, on ne m'a jamais donné plus. » A rapprocher des exigences des médiocrités d'aujourd'hui.

Quand le doigt de la mort l'eut visiblement touché, il se fit dans Théophile Gautier un changement considérable, et nul déclin ne fut plus noblement résigné que le sien. Je le vois encore dans le grand fauteuil qui lui servait de lit depuis longtemps, — car il ne lui était plus possible de se coucher, son cœur dilaté l'étouffait, — la tête coiffée d'un bonnet de laine d'où débordait sa magnifique chevelure, les jambes enveloppées d'une couverture, majestueusement triste, mais sans faiblesse, souriant encore, et ne portant que dans les yeux le sentiment mélancolique de sa fin. Son visage, à peine amaigri, avait gardé sa régularité olympienne ; ses belles mains, plus blanches que jamais, pendaient, pleines de langueur, le long des bras de son siège : l'ombre même d'une espérance ne flottait plus autour de son état.

Il n'en était pas venu là sans lutte, ayant longtemps rêvé de guérir, plus par amour du devoir que de la vie. Un instant, comme je l'ai dit, on avait espéré que le régime lacté le sauverait ; il en avait accepté toutes les rigueurs, mais n'avait pu faire le sacrifice de fumer moins que voulait exiger de lui son médecin. Un cigare lui demeura aux lèvres jusqu'au dernier moment, mal entretenu par son souffle défaillant et qu'il avait besoin de rallumer sans cesse, mais dont il humait le parfum violent avec une sorte de volupté désespérée.

Ce qui marqua surtout cette période, ce fut un désir tout chrétien de réconciliation et de pardon. Il tint à réunir autour de lui tous ceux que des dissensions de famille en avaient écartés, et sa dernière joie fut le semblant d'accord affectueux que ceux-ci firent autour de ses derniers instants. Il eut un mot sublime pour celui, le seul, qui lui eût vraiment inspiré un sentiment de haine : — « J'avais, dit-il en le quittant, fait de mon mieux pour avoir un ennemi, et voici que je l'ai perdu ! » Il était tout entier dans cette soif d'apaisement et cet élan de mansuétude ; son cœur semblait ne s'être gonflé que comme un volcan qui va vomir ses dernières colères.

Quel silence dans la maison, dans le grand atelier surtout où il avait élu domicile durant le jour ! Ses deux filles étaient auprès de lui, l'aînée modelant, pour occuper ses doigts habiles et endormir sa peine, un buste de la seconde. Nul père n'était plus fier des goûts artistiques de ses enfants. Il admirait le beau génie littéraire de l'une, et les dons merveilleux de peintre de l'autre, se reconnaissant tout entier en elles deux.

Les visiteurs ne manquaient pas : Puvis de Chavannes, dont l'entrée était marquée par des timidités rougissantes et qui ne restait qu'un instant par discrétion ; Ernest Reyer, dont la figure d'officier de cavalerie avait, devant ce spectacle, de curieux attendrissements ; Flaubert, plus ému encore, car chez ce grand homme, dans ce cœur immense, vivaient des tendresses d'enfant. Charles Asselineau venait tous les jours, Asselineau dont l'œuvre est peu considérable, mais qui fut un des plus nobles types de lettré de ce temps. Théodore de Banville aussi, amené là par une piété fervente. Je me souviens que lorsque ce dernier quitta Théophile Gautier, la veille de sa mort, il crut devoir le rassurer par quelques mots de confiance d'autant plus naturels, que le mourant passait par ce mieux trompeur qui annonce la catastrophe prochaine et est comme une pitié suprême de la vie. — « Vous avez bien meilleur visage et plus de force que ces jours passés, » lui dit-il. Et, avec un indéfinissable sourire, Gautier cita ce vers de son *Pierrot posthume* :

On enterre les gens pour de moindres trépas!

Ils ne devaient plus se revoir.
Je n'oublierai pas non plus, parmi les amis fidèles de la dernière heure, un simple animal, la chatte Eponine, suprême rejeton d'une race qui avait porté tous les noms glorieux des *Misérables* de Victor Hugo. Dans un livre exquis, le moins connu peut-être de tous ses livres, le poète a laissé de cette curieuse bête un portrait que je transcris

en bon souvenir de sa fidélité : « La chatte qui portait le nom d'Éponine, dit-il, avait des formes plus sveltes et plus délicates que ses frères. Son museau un peu allongé, ses yeux légèrement obliqués à la chinoise et d'un vert pareil à celui des yeux de Pallas Athéné, à laquelle Homère donne invariablement l'épithète γλαυκώπις, son nez d'un noir velouté ayant le grain d'une fine truffe de Périgord, ses moustaches d'une mobilité perpétuelle lui composaient un masque d'une expression toute particulière. Son poil, d'un noir superbe, frémissait toujours et se moirait d'ombres changeantes. Jamais bête ne fut plus sensible, plus nerveuse, plus électrique. Quand on lui passait deux ou trois fois les mains sur le dos dans l'obscurité, des étincelles bleues jaillissaient de sa fourrure en pétillant. » Voilà pour le physique ; et pour le moral maintenant : « La gentille Éponine a donné tant de preuves d'intelligence, de bon caractère et de sociabilité, qu'elle a été élevée d'un commun accord à la dignité de personne, car une raison supérieure à l'instinct la gouverne certainement. » Le fait est qu'Éponine devait justifier de tout point la bonne opinion qu'en exprimait son maître dans le petit volume ayant pour titre : *Ménagerie intime*, et dont ces lignes sont extraites. Elle témoigna, pour son maître malade, d'une tendresse vraiment surhumaine, ne le quittant plus d'un instant, montant la garde autour de son fauteuil comme pour en écarter la sinistre visiteuse, l'enveloppant d'un ronronnement douloureux et lui effleurant doucement le cou, en tournoyant le long du dossier du siège, de sa chaude fourrure, comme pour y entretenir les tiédeurs salutaires de la vie. Tout le monde était touché de la façon dont cet animal semblait tout comprendre et de sa protestation éloquente, désespérée, pleine d'angoisse contre la prochaine séparation.

C'est dans la chambre dont Théophile Gautier faisait depuis longtemps son cabinet de travail, et qu'éclairait surtout une glace sans train posée sur la cheminée et donnant sur le couchant, qu'il s'éteignit sans agonie, un peu avant le lever du jour, et sans que rien avertît ceux qui l'entouraient qu'il allait cesser de souffrir.

Je ne le revis plus que sur son lit mortuaire, ce lit où il n'avait pas reposé depuis si longtemps et dont la blancheur devait l'attendre pour le dernier sommeil. Jamais mort ne revêtit plus complète la sérénité qui rassure sur nos posthumes destins. Les admirables lignes de son visage s'étaient modelées dans une pâleur éburnéenne pleine de fermetés plastiques; bien que son nez se fût un peu busqué et aminci, il avait gardé sa physionomie douce de vivant ami de tous et de tous aimé, avec quelque chose de plus grave et une solennité imposant un sentiment tout religieux. Il n'avait pas été plus beau, dans le grand sens du mot, même aux jours de sa légendaire et vigoureuse beauté. — « On dirait un saint! » dit naïvement une des servantes qui le contemplait en pleurant. Et jamais mot n'avait été plus juste. C'était un saint et un martyr du devoir, cet homme qui venait de mourir sans souci de l'immortalité, comme un lion se couche, laissant s'éteindre dans sa prunelle les derniers feux reflétés du soleil : tel il dormait dans sa crinière répandue sur l'oreiller.

La piété d'une amie avait couvert sa couche de fleurs, et son lit était comme un jardin de roses. Une autre amie était à son chevet, venue trop tard, celle dont il n'avait pas voulu être vu malade, par une sublime coquetterie de mourant qui ne veut laisser de lui qu'un aimable souvenir!

Je n'ai pas à rappeler ce que furent ses funérailles et la douleur publique qui suivit son deuil. Un peu de la gloire de ce siècle s'en allait avec lui, de cette gloire que Victor Hugo emporta toute-entière dans sa tombe de géant. Il semble que la nature voulait sa part de ce deuil, car quelques gouttes de pluie tombèrent au moment de l'entrée au cimetière, crépitant à peine sur les feuilles, à la place où s'élève aujourd'hui le gracieux monument que sculpta pour lui la main amie de Cyprien Godebski.

Quel souvenir a laissé ce grand poète dans l'âme de ceux qui l'ont connu!

Pour ma part, il ne se passe guère de mois en été où, ma promenade matinale en bateau m'amenant près du pont de Neuilly, je n'amarre ma barque au rivage pour aller, pèlerin silencieux, visiter, à travers ses grilles fermées, la maison de la petite rue de Longchamps où Théophile Gautier vécut, et que son buste surmonte maintenant. C'est pour moi le réveil de mille sensations douces et douloureuses à la fois qui se mêle au réveil des oiseaux du bois voisin, chantant les splendeurs impassibles de l'aurore. Il me semble qu'un peu de l'âme de l'absent est demeurée là dans ces feuillages frémissants qui bercèrent si longtemps sa pensée. On dirait que le sable crie encore sous ses pas et que la porte va s'ouvrir, comme si tout ce deuil n'était qu'un mauvais rêve...

Un jour même j'écrivis du bout de mon crayon, sur un coin du mur, ces vers que la pluie y aura lavés et effacés sans doute :

> Le poète est mort : l'oiseau chante;
> Mais, près du poète endormi,
> La voix de l'oiseau, plus touchante,
> Garde quelque chose d'ami.
>
> Le poète est mort : la fleur brille;
> Mais, près du poète, la fleur,
> Dans la goutte d'eau qui scintille,
> Garde quelque chose d'un pleur.
>
> Le poète est mort : l'aube veille,
> Qui, du ciel penchant les sommets,
> Lui porte, de sa main vermeille,
> Le laurier qui ne meurt jamais !

III

PHILOTHÉE O'NEDDY

Il y a de cela quelque vingt ans, et aux plus beaux jours de l'Empire, le hasard médiocrement sagace des besognes administratives me poussa dans un bureau qui était certainement un des plus étranges qu'on pût voir. C'était, pour ainsi parler, un atelier d'expéditions où l'on travaillait à la tâche, où l'on était conduit à peu près militairement. Pour ajouter à l'illusion, notre chef, qui occupait un haut grade dans la garde nationale à cheval, ne manquait jamais de venir nous inspecter en uniforme. C'était grandiose et tout à fait imposant.

Nous étions là une vingtaine et, comme la plupart étaient fort jeunes, le bureau prenait, aux heures de repos, l'aspect d'une classe en récréation; un souffle général de gaminerie semblait avoir passé sur toutes les têtes : on causait bruyamment, on riait très haut, on se faisait des farces, par-dessus tout on tourmentait un pauvre vieux dont les explosions de colère se traduisaient dans un langage à la fois pittoresque et gaulois. C'était à qui le mettrait en fureur, pour être injurié suivant les plus pures règles du catéchisme poissard. C'était parfaitement inhumain et irrespectueux pour l'âge. Aussi quelquefois le voisin du persécuté se levait-il indigné, et jetait-il un *quos ego* solennel à ce vent de polissonnerie. Mais le *quos ego* était accueilli par des rires et des huées. Seul, je crois, je me sentais une sympathie profonde pour ce défenseur de l'opprimé.

C'était alors un homme d'une cinquantaine d'années, dont le visage était le plus caractéristique du monde : un teint très bistré, des yeux noirs de myope à la fois perçants et inquiets, une chevelure épaisse et droite, une façon de crinière coupée. Le cou était très court ; la tournure athlétique et ramassée ; les mains longues et superbes, de vraies mains de patricien. Une physionomie bizarre qu'enveloppait un grand rayonnement de bonté. A le regarder de plus près, le sourire avait toutes les superbes de l'amertume, et le regard s'emplissait parfois d'étincelles, comme celles que le feu fait jaillir d'un tison qu'on croirait mort. Il s'appelait Dondey, et comme ses supérieurs hiérarchiques le traitaient avec un sans-façon qui frisait le dédain, je ne me doutais guère que j'avais là, si près de moi, un maître en poésie, un des plus ardents ouvriers de la grande évolution littéraire romantique, un des plus nobles esprits d'un temps qui laissait du moins derrière lui l'ombre d'une incontestable grandeur. J'étais très frappé cependant des airs de lion en cage qu'avait ce prisonnier d'une vie étroite et sans soleil, et je l'admirais bondissant quelquefois contre ses barreaux quand la sottise et la lâcheté humaines lui soufflaient de trop près au visage.

C'est mon confrère Albert Mérat, je crois, qui me dit un jour : « Tu sais que le vieux romantique Philothée O'Neddy est, avec toi, au ministère. » J'avais déjà lu *Feu et Flamme*, et, deux jours après, sans qu'on eût eu besoin de m'en dire davantage ni de percer à jour l'anagramme dont il s'était fait un pseudonyme dans les lettres, j'étais venu assurer respectueusement notre camarade Dondey de mon admiration sympathique et vraie. Il me fit l'honneur d'accueillir sans défiance une déclaration si contraire aux procédés dont il était l'objet. Nos mains se serrèrent, et aujourd'hui encore, une buée me monte aux yeux aux souvenirs que j'évoque, tant ils ont gardé chez moi de prix et de réelle tendresse.

C'est que j'ai rencontré, dans la vie — même en dehors du monde où nous nous trouvions — peu de figures plus attachantes que celle-là, peu d'êtres méritant mieux la double estime qui vient du cœur et qui vient de l'esprit, peu de natures aussi vraiment belles et malheureuses. Dondey demeurera toujours, pour moi, le type de ceux qui s'abiment lentement sous l'écroulement de leur rêve, avec des révoltes contenues, avec des résignations sublimes, constamment trahis par l'élévation de leur propre caractère, — car ceux-là réussissent surtout dont le caractère est moins haut que le talent; — avec moins de dévouement aux siens, avec moins de délicatesse dans les choses de la vie, avec une morale plus conciliante aux infamies coutumières, celui-là eût fait certainement son chemin. Car il avait, comme l'a dit si bien Théophile Gautier, cette qualité maitresse: la force. Force toute intérieure qui, au lieu de le pousser en avant, semblait n'être occupée qu'à le briser lui-même. Jamais âme humaine ne contint un plus riche foyer d'impressions et de pensées. Mais je ne sais quel voile en interceptait la chaleur et la clarté, si bien que ce grand feu ne servait qu'à le consumer, sans jeter au dehors aucun rayonnement glorieux. Il y avait en lui de l'Œdipe marchant dans un insondable mystère, et j'aurais volontiers conçu sous ses traits le grand aveugle entrant à Colonne, mais sans le bras d'Antigone pour soutien.

Que ces images ne vous semblent pas exagérées. Est-il drame plus poignant, est-il tragédie plus sombre que cette lutte contre la fatalité que tout homme porte en soi, que ce combat, dont nous sommes les éternels vaincus, entre la splendeur de notre rêve et le dégoût de la réalité, que cet abîme où s'entasse, sans l'emplir jamais, le néant de nos espérances? Nul autant que Dondey n'incarna ce destin misérable; nul n'en épuisa les tortures avec une pareille intensité. Aussi, de tous les vers que je lui soumis — et, avec mon cher maître Théodore de Banville, c'est à lui que je dois les meilleures leçons — aimait-il surtout ceux-ci, que j'avais faits la pensée tendue vers lui :

GLORIA CHRISTI.

Jésus, ta croix insulte à plus d'une potence
Où d'aussi grands que toi sont morts désespérés.
Qui pourrait les compter, les martyrs ignorés
Dont une mort infâme a payé la constance ?

Plus d'un autre a souffert, Sauveur du genre humain,
Pour le rêve insensé des choses immortelles.
Mais leurs religions, Jésus, où sont-elles ?
Quelle bouche a baisé leurs pas sur leur chemin ?

Ils portaient, comme toi, des mondes dans leurs têtes,
Que l'oubli, dans ses flots, a noyés sans remords.
Naufrages sans témoins! Ils sont morts! Deux fois morts!
Le ciel a refusé sa foudre à leurs tempêtes.

Ta mort fut douce à toi, de charmes infinis :
Sur le sein d'un ami tu bus le dernier verre,
Et Madeleine, en pleurs, consola ton calvaire,
Comme autrefois Vénus les mânes d'Adonis.

Mais vous, sombres martyrs des œuvres méprisées,
Au pieds de vos gibets les loups seuls sont venus,
Et le vent, seul, a bu les sanglantes rosées
Que poussait l'agonie à vos fronts méconnus!

— Je m'en veux de rappeler des vers de moi

à propos à d'un tel poète, mais je suis fier du plaisir avec lequel il sembla accueillir la dédicace de ceux-ci. Ce fut, pour moi, une époque de causeries charmantes et instructives. Elles coupaient souvent heureusement la monotonie d'un travail qui n'était guère plus dans mes goûts que dans les siens. Nous les poursuivions quelquefois, après l'heure du bureau, jusque sous les ombrages du Jardin des Plantes, dont il habitait le voisinage. C'est lui qui m'apprit à aimer ces calmes avenues, chères au petit monde ouvrier, avec leurs bancs où s'asseyent les mères en cheveux endormant dans leurs bras de pauvres petits qui clament déjà à la misère future, où les amoureux se serrent l'un contre l'autre, buvant dans l'air la muette extase et le parfum vague qui monte des parterres.

Nous marchions là tous deux dans le sable qui criait, et Dondey, à qui ce coin de nature citadine, l'arôme des frondaisons et le souffle du vent dans les arbres donnaient je ne sais quelle allure délivrée, quel hennissement intérieur de cheval revoyant les prairies, Dondey, pressant tantôt le pas ou le ralentissant, suivant le mouvement de sa pensée, m'apparaissait tout autre que dans la lumière tristement tamisée par les vitres de notre commune prison. Il me rappelait ces deux vers de Beaudelaire traduisant une impression presque pareille :

> Son œil s'était ouvert comme l'œil d'un vieil aigle !
> Son front tragique était taillé pour le laurier.

Il devenait presque beau, d'une beauté sauvage, douce et farouche à la fois et, par un de ces reflets de jeunesse qui passent quelquefois sur nos fronts, comme ces lumières roses du couchant qui semblent, entre deux collines, le réveil d'une aurore attardée, il m'apparaissait tel que l'a décrit Gautier : « C'était un garçon, a dit celui-ci dans son Histoire du romantisme, qui offrait cette particularité d'être bistré de peau comme un mulâtre et d'avoir des cheveux blonds crêpés, touffus, abondants comme un Scandinave ; sa bouche était forte, rouge et sensuelle. De cet ensemble résultait une sorte de galbe africain, qui avait valu à Philothée le sobriquet d'Othello. »

Vous voyez que, lui aussi, l'impeccable poète d'*Émaux et Camées*, comparait Dondey aux héros tragiques.

Il fallait l'entendre alors, dans ces promenades qui étaient devenues le régal de mes matinées dominicales, confesser sa foi romantique avec une ardeur toute virile, saluer les maîtres, proclamer Hugo dieu. Ce qu'avait été Victor Hugo pour les hommes de ce temps et de son école ne saurait s'appeler autrement. Comme on regrettait un jour, autour de Gautier mourant, qu'Hugo ne lui fût pas venu faire visite durant sa maladie : « Ce ne serait pas une chose à faire, dit sévèrement le poète, que Victor Hugo se dérangeât pour un homme comme moi. » Je n'ai connu que Dondey aussi passionné dans ce culte, aussi fervent dans cette adoration. Tout satellite ayant gravité autour de l'astre géant lui était sacré. Et de lui, qui aurait pu être un des plus brillants, il ne parlait que rarement, par un sentiment de modestie outrée d'abord, et aussi parce que tout retour sur sa propre destinée lui était sans doute une tristesse. Mais ce qui était merveilleux en lui, c'était l'absence de toute envie, dans cette amertume dont les sources étaient si lentes à jaillir que le bâton de Moïse lui-même s'y serait brisé. Nul ne porta jamais si haut l'orgueil de se sentir au-dessus de toutes les jalousies.

Il faut fouiller dans les très rares vers qu'il publia après *Feu et Flamme* pour y trouver une trace de révolte contre son obscurité, ce que M. Havet a si bien appelé : « l'expression douloureuse d'un sentiment dont il a porté le poids toute sa vie, la conscience d'un talent qui ne peut se faire reconnaître. » Elle est bien nette cependant dans le beau sonnet des *Deux lames* que je transcris :

Un montagnard avait une excellente épée,
Qu'il laissait se rouiller dans un recoin obscur.
Un jour, elle lui dit : Que ce repos m'est dur !
Guerrier, si tu voulais, ma lame est bien trempée.

Dans les rudes combats, sur la côte escarpée,
Elle vaudrait, au bout de ton bras ferme et sûr,
Les autres espadons qui brillent sur ce mur :
Pourquoi, seule entre tous, est-elle inoccupée ?

Je suis comme ce glaive, et je dis au destin :
Pourquoi, seul dans mon type, ai-je un sort clandestin ?
Ignores-tu quelle est la trempe de mon âme ?

Elle pourrait jeter de glorieux reflets,
Si ta droite au soleil, faisait jouer sa lame !
Elle est d'un noble acier, Destin, si tu voulais !...

Voilà, n'est-ce pas, de beaux et nobles vers ! Ils sont de 1839, six ans après la publication de *Feu et Flamme*. Mais le pressentiment poignant du sort de plus en plus sombre qui l'attendait, de l'injuste oubli où son nom allait descendre, son nom jeune encore et à peine salué par quelques amis, se sent plus encore dans les vers suivants, qui sont datés de 1841 :

Une heure sonnera dans ma vie où peut-être
D'abandonner le sol je ne serai plus maître ;
Où, lentement usé par la lime du sort,
L'acier de mon vouloir n'aura [plus de ressort ;
Où, d'un loisir trop long, l'engourdissante glace
Fixera tristement mes deux pieds à ma place !...

Hélas ! comme je l'ai dit plus haut, tel je le connus vingt-cinq ans plus tard. Le navire qu'il avait vainement appelé de ses cris désespérés était parti pour la haute mer sans lui, le laissant sur une plage aride, les pieds lourdement rivés à la terre par l'habitude oppressive, par l'envahissement de l'ennui qui enlise lentement. Mais si d'autres Sainte-Beuve a pu dire :

> Il existe, en un mot, chez la plupart des hommes,
> Un poète mort jeune à qui l'homme survit,

ce distique ne saurait s'appliquer à Dondey, car le poète dura chez lui, vivace, despotique, révolté, aussi longtemps que l'homme, et lui survivra, je l'espère, j'en suis sûr !

Un homme, dont je n'ai à louer ici ni le grand caractère ni la haute personnalité littéraire, devait être un trait d'union entre Théophile Dondey et moi. J'ai eu l'honneur, étant à l'École polytechnique, d'être l'élève de M. Ernest Havet, qui y professait la littérature. Oh ! une fois par semaine seulement ! un seul cours ! une heure et demie à peine ! Mais comme j'attendais impatiemment cette leçon ! Malgré mon goût très vif et très sincère pour les mathématiques, je trouvais une saveur comme rafraîchissante à cet entretien hebdomadaire. Il ouvrait devant moi je ne sais quels horizons lumineux. J'entendais enfin parler des poètes !

Le maître le faisait avec une autorité et une éloquence contenue qui me ravissait. Je lui dois d'avoir lu le roman de *la Rose* et d'aimer encore passionnément François Villon, qu'il commentait avec une verve singulièrement attendrie. Aussi, me sentais-je ramené doucement vers mes premières études, celles qui m'ont repris depuis, avant que le démon scientifique me tentât. Ce noble repos de quelques instants dans de véritables oasis a laissé une trace ineffaçable dans mon esprit. Jamais audition d'une pièce sur nos plus grandes scènes ne m'a causé pareil plaisir. Depuis et après ma sortie de l'École, j'allai entendre souvent M. Havet au Collège de France. Il y était merveilleux, mais j'étais distrait par mille choses de la vie ; le bourdonnement de la grande ville et l'éveil de mes propres passions étaient entre sa parole et moi. Ce n'était plus le recueillement délicieux qui était celui d'un séjour studieux entre tous.

Un des premiers hommes dont me parla Dondey, à l'heure des confidences, ce fut donc précisément mon ancien maître, son ami d'enfance, celui dont la fidélité devait le suivre jusque dans la mort. Dans une notice parue à la bibliothèque Charpentier, en 1877, M. Ernest Havet raconte l'origine de cette longue intimité remontant à leur enfance : « Il avait douze ans, dit-il, quand je l'ai connu, et j'en avais dix. Nous étions ensemble élèves externes dans la petite institution Lemasson ; nous ne suivions pas les classes du collège, et M. Lemasson nous donnait seul l'instruction secondaire ; M. Félix Ravaisson, de l'Institut, a été son élève en même temps que nous. Dondey et moi fûmes bientôt liés ; j'étais faible de corps et myope : Dondey paraissait vigoureux ; mais il était myope à tel point, qu'en comparaison je pouvais passer pour avoir une excellente vue :

4

Nous n'aimions ni l'un ni l'autre les jeux ordinaires, et les livres étaient notre grand plaisir. Nous passions des heures à lire ensemble des vers de Racine et de Boileau, car nous n'avions pas sous la main, à cet âge, les nouveautés. »

Cette affection, commencée si tôt, entretenue par une évidente communauté de goûts élevés, ne devait jamais se démentir. M. Ernest Havet fut le témoin de la vie de Dondey, le confident de toutes ses pensées, celui qui connut le mieux et le seul, dans sa profondeur, le souci dont ce grand cœur fut sans cesse tourmenté. C'est à lui que Dondey écrivit quand il perdit sa mère, en 1861, ces lignes d'une émotion vraiment poignante : « L'amère satisfaction d'avoir vu ma mère quitter la vie dans des conditions aussi dignes que possible ne m'aide pas à supporter stoïquement la disparition de ce qui restait de sa personne. J'y tenais, je m'y sentais attaché, non seulement par ces forts liens de nature communs aux trois quarts des humains, mais par une juste et nette conscience du peu que j'importe aux gens et aux choses ; par le poids sans cesse accru de mes vieux et constants chagrins ; par l'accord étrange et l'harmonie que je croyais découvrir entre ses misères et les miennes ; par égoïsme enfin, ce n'est pas impossible. Donc, sans parler des sentiments naturels, des vifs souvenirs d'enfance, des motifs moraux, je m'étais mis secrètement à l'aimer de toute la violence de mes maux secrets. »

Cela n'est-il pas noblement et simplement dit, avec un accent de sincérité qui s'associe à cette douleur si fière et si profonde? N'y a-t-il pas là pressentiment du mal qui devait l'enlever, lui aussi, le tuant longtemps avant sa mort? Car il devait s'éteindre paralysé, comme cette mère dont il avait longtemps aimé « ce qui restait ».

On ne pouvait d'ailleurs différer davantage, par le fond même de l'esprit, que ces deux hommes, que lia une si étroite et si confiante amitié. Dans ses études sur Jésus, M. Ernest Havet s'est montré ardemment épris des méthodes scientifiques, parfaitement dégagé des premières croyances, singulièrement absous des sentimentalités mystiques que le christianisme laisse encore au cœur du plus grand nombre. C'est une grande force que ce détachement de la première foi qu'ont entourée toutes les poésies de la jeunesse. Théophile Dondey n'y parvint jamais, et ce n'est pas moi, fidèle comme lui à ces souvenirs pieux et, comme lui, ému au son des cantiques, qui lui en ferai un reproche. Il avait de grandes violences de langage contre la superstition et contre l'hypocrisie des prêtres. Son ardeur se traduisait même quelquefois par des colères enfantines, comme le jour où je le vis faire ingurgiter de force, un vendredi-saint, du bouillon gras à un pauvre vieux camarade de bureau, à qui une vie à la diable donnait cependant le droit de finir en ermite. Dondey fit cette exécution du préjugé avec un sérieux dont je ne pus alors m'empêcher de rire. Mais il n'avait pas dépouillé tant que cela le vieil homme, j'entends celui qu'une éducation catholique laisse en nous. Dans un sonnet d'amour, il se vante d'être superstitieux. Encore l'était-il certainement moins que Théophile Gautier, qui ne pouvait supporter devant lui trois bougies allumées, et se précipitait immédiatement sur une pour l'éteindre. Dans un autre sonnet, Théophile Dondey se demande si le Dieu des chrétiens ne le poursuit pas, comme jadis l'apostat Julien. Il proclame son déisme en toute occasion :

> Dès longtemps de ma foi ce grand principe est maître,
> Qu'une âme immense emplit l'infinité de l'être ;
> Que tout pense, tout corps, toute forme, tout lieu ;
> Que Dieu renferme tout, que tout renferme Dieu.

Il est remarquable cependant que cette foi semble toute philosophique, un reste du culte à l'Être suprême. Il n'arrive jamais à Dondey, comme à Musset, cette autre âme tourmentée, d'invoquer Dieu dans d'ineffables détresses et de lui demander merci. Que de différences, d'ailleurs, entre ces deux natures de poètes ! Tandis que, dans une langue admirable, il est vrai, et avec d'inimitables accents, Musset exhala les rancunes impitoyables d'un amour trompé, et n'eut que des malédictions pour celle qui lui avait donné, ne fût-ce qu'une heure, l'ineffable joie d'aimer, Dondey, qui semble également victime d'un amour malheureux, n'a que de mélancoliques *hosanna* pour l'amour. La chose me paraît plus noble ainsi, et cette discrétion douloureuse me semble un des beaux traits de ce caractère vraiment viril et très haut.

Je reviens aux croyances religieuses de Théophile Dondey : il était, ai-je dit, déiste, comme Hugo, comme George Sand, comme tous les grands esprits de leur génération, austèrement et non pas dans le mode aimable de Béranger, qui se moquait bien un peu du « Dieu des bonnes gens », comme de beaucoup d'autres choses. Le rationalisme d'Auguste Comte lui est particulièrement déplaisant, et il lui décoche ce vers vraiment comique, qu'il lui met dans la bouche :

Mortels, Dieu n'est plus Dieu, mais je suis son prophète !

Au demeurant, comme l'a fort bien dit son historiographe, il y avait là surtout « les déclamations pressantes de l'imagination et de la passion qui se croient blessées ».

C'est encore celui-ci que nous suivrons dans son incursion à travers les manuscrits de Théophile Dondey, qui ne furent pas publiés et qui l'auraient cependant mis à son véritable rang de poète. Dans cette œuvre considérable inédite, Dondey avait gardé toutes ses prédilections d'auteur pour son drame de *Miranda* et le beau poème *Cul-de-Jatte*. Je reproduis textuellement le titre définitif de sa pièce, tel qu'on l'a retrouvé dans ses papiers, et qui est vraiment d'une belle saveur romantique : *Miranda ou les Harpes fées, poème dramatique en trois actes et en vers, par le vidame O'Neddy de Tyannes, copié sur le manuscrit original, en l'an de disgrâce 1857, par le citoyen Dondey, secrétaire intime du noble vidame.*

D'une analyse difficile, ce drame, sans action bien nette et dont la représentation serait particulièrement malaisée, renferme de sérieuses beautés de forme et, avec de très réelles énergies, des pensées délicates et attendries, comme celle-ci :

> Ne suis-je pas assise en la vallée ombreuse
> Où son premier serment m'a faite bien heureuse ?
> Oui, je vous reconnais, cieux et bois, chers témoins ;
> Si tout m'était ravi, vous me souririez moins !

Quant au *Cul-de-Jatte*, composé en 1863, avec ce titre anglais : *The Cripple, by the old O'Neddy*, et cette épigraphe au-dessous, empruntée à Molière :

> C'est moi-même, Messieurs, sans nulle vanité,

c'est vraiment un très beau poème et qui mérite de vivre. En voici le début :

> Dans un repli de haie, au bord de la grand'route,
> Établi sur son torse, arcbouté de ses bras,
> Il réside, humble et fier, quand il ne rêve pas ;
> Quand ses yeux ont assez de l'éternelle voûte,

D'un air ardent, avide, il regarde, il écoute
Les entiers, les complets, leurs travaux, leurs débats.

Lui fier? Oui, par instants, sa mine devient haute;
On sent qu'un grand démon de superbe est son hôte;
On dirait qu'il est fort et qu'il ose braver;
Mais qu'un rustre, un quidam se mette à l'observer,
Il rougit, il pâlit, pauvre nain pris en faute,
Et vite en son néant il sait se retrouver.

Je cite, plus loin, cette strophe encore :

Meurs misérable! Allons! meurs en temps opportun!
Pendant que ton esprit garde encor quelque sève;
N'attends pas que tu sois destitué du rêve,
Et que, par le réel moqueur foulé sans trêve,
Cherchant tes anciens dieux, tu n'en trouves aucun;
Meurs! laisse-toi glisser dans le fossé commun!

Et j'arrive aux deux strophes finales :

Quand du noir chevalier l'élite magnanime,
Dans l'auguste intérêt de ces choses, tiendra
La campagne, et, de vol en vol, de cime en cime,
Ira vers la victoire ou bien en reviendra,
Fasse quelque bon Dieu que leur galop sublime,
Sur la fosse où le vieil infirme dormira,

Passe et repasse, ardent, rythmé, plein d'une gloire
Formidable, imposant silence à tout moqueur;
Et je tressaillerai dans ma demeure noire,
Et je me gaudirai sous ces géants d'histoire;
Et qui tendra l'oreille ouïra mon fier cœur
Bondir à l'unisson du fier galop vainqueur!

Jamais tristesses de poète ne se sont, en vérité,

plus noblement exprimées. N'êtes-vous pas pris, comme moi, à la fierté douloureuse de cet accent? Ce poème suffirait vraiment pour que le nom de Théophile Dondey, ou mieux de Philothée O'Neddy, demeurât à jamais dans la mémoire des lettrés et dans les anthologies. Le *Cul-de-Jatte!* Il s'était bien nommé lui-même ainsi, lui qu'une fatalité clouait au sol et qui se sentait, — mieux que des jambes, — des ailes; lui qui, épris d'idéal et de lumière, mesurait les angoisses d'une vie obscure et vouée à de vulgaires travaux. Pauvre Dondey! Son souvenir hantait trop souvent mon esprit pour que son nom ne revînt pas encore une fois sous ma plume. La postérité se souciera-t-elle de ce vrai poète, à qui le présent fut injuste, et lui donnera-t-elle la revanche rêvée, sous le fier galop des chevaliers réveillant sa mémoire dans une fanfare triomphale? Nul ne le souhaite plus ardemment que moi, qui l'ai vu souffrir et se débattre dans le néant de ses désirs, lutter et tomber vaincu sous l'effondrement de ses espérances et de ses rêves!

IV

ÉMILE DESCHAMPS

On m'a assuré que les chaleurs de cet été, se prolongeant jusqu'à la fin de septembre, avaient si bien donné à toute la nature l'illusion d'un nouveau printemps, que les lilas avaient refleuri à Ville-d'Avray, clochettes parfumées qui, après avoir silencieusement fêté l'angélus matinal de l'année, sonnaient encore son angélus vespéral. Mais ce qui est tout à fait certain, c'est que les hannetons ont reparu à Versailles. Je n'ai pas été surpris du choix fait par ce coléoptère imbécile, pour une manifestation aussi déplacée, d'une cité que la politique a hantée désordonnément pendant des temps récents encore. C'est à Versailles, en effet, que siégea cette Assemblée dont le génie mémorable s'affirma par la façon dont elle fonda la République, bien résolue qu'elle était à restaurer la monarchic. Durant ces jours glorieux pour la ville du grand roi, tant d'idées saugrenues s'envolèrent de l'enceinte où s'agitaient les destins de la patrie, qu'il était impossible qu'elles ne prissent pas corps à un moment donné, et le hanneton était tout indiqué pour loger dans son petit corps noisette toutes ces imaginations évaporées, tous ces fragments d'âmes en quête d'une forme. Le hanneton joue, en effet, dans le monde général, un rôle qui me paraît avoir échappé à ses historiens ordinaires. Le moineau est une bête amoureuse; le rossignol une bête musicale; l'oie une bête culinaire; mais le hanneton, lui, est une bête essentiellement politique. Il aime le bruit pour le bruit et bourdonne furieusement tout en faisant un chemin sans but. Ne lui demandez pas où il va, si par hasard vous comprenez son fastidieux langage : il n'en sait rien; mais il y va avec une ardeur sans mesure. Ne cherchez pas ce qu'il produit : il ne produit rien; mais il s'abat sur les verdures savoureuses et s'en repaît consciencieusement. Il est, par excellence, l'animal inutile et sonore dont la chanson ne veut rien dire et dont le travail n'enfante rien. Ne trouvez-vous pas la ressemblance absolument complète? Rien ne figure mieux un ministre déchu qu'un hanneton tombé sur le dos. Impuissant à se remettre sur ses pattes, il continue toutefois à en battre l'air et à marcher dans le vide, les crispant et les étendant avec de comiques colères. Tout y est : les enfants le font battre quelquefois en duel, mais à distance assez grande pour qu'il ne puisse ni toucher son adversaire, ni en être touché. Pour lui, le grand chêne qui fait l'honneur de la forêt n'est qu'un gigantesque portefeuille auquel il se cramponne. Le hanneton se transforme aussi sous terre et mange des racines quand il ne dépouille pas les feuillées, toujours parasite, toujours malfaisant.

Hanneton, vole ! vole ! vole !

dit une vieille chanson. Vole dans l'air et vole dans les poches, toi qui es la honte des ailes ! Mais contente-toi du printemps et laisse-nous l'automne, hanneton versaillais !..

Je n'aime pas infiniment Versailles, malgré sa réelle et silencieuse splendeur. Je ne l'aime pas depuis que j'y ai vu le joli monde qui, après avoir déserté Paris menacé par l'insurrection, insultait lâchement aux vaincus d'une bataille dont il avait fui les périls. J'eus un écœurement sans merci de tous ces poltrons cruels et n'y puis penser encore sans une révolte qui ressemble à une nausée. Et les femmes s'en mêlaient, élevant leur cœur au niveau de celui des hommes qui étaient avec elles. Pouah !... Je n'ai pu pardonner cela à Versailles. Et cependant un souvenir charmant de ma première enfance, planant plus haut que ce dégoût, y reporte quelquefois encore ma pensée rassérénée. C'est à Versailles que j'ai vu, pour a première fois, un poète. N'imaginez pas, au moins, qu'il m'apparut entouré de foudres olympiennes, Apollon surgissant du bassin mythologique, une lyre fulgurante à la main, salué au passage par le chœur réveillé des muses marmoréennes qui rêvent sous les grandes avenues du parc. Versailles serait un décor merveilleux pour une semblable apothéose. Le grand siècle, tout imprégné de l'âme antique, y a laissé des traces où la Pensée grecque et la latine sont écrites partout dans le bronze et dans la pierre. Qu'ils sortent donc de leur longue immobilité, tous ces Dieux, qui furent l'honneur du génie humain et qu'ils aient pitié de notre abaissement! Que resssucite l'Idéal dont a vécu le vieux monde!... Mais chassons cette vision surhumaine. C'est dans un salon très bourgeois d'ameublement que je rencontrai, sous la clarté modeste des bougies, le petit-fils d'Homère, qui me révéla à quelles humilités la lyre, autrefois victorieuse, était aujourd'hui condamnée. C'était un homme plutôt petit que grand, à la figure avenante et douce, au sourire plein de finesse et d'aménité, qui me charma là où je croyais devoir être si véhémentement intimidé. Il ne portait plus la tunique virgilienne, mais une redingote un peu longue, comme elles étaient à la mode en cette année. Rien qui le distinguât, au premier coup d'œil, des gens qui l'entouraient, mais une flamme particulière, dans le regard, pour qui le fixait un instant. Une bouche essentiellement spirituelle. Ses hôtes — car c'était chez lui que je me trouvais — l'entouraient d'une familiarité respectueuse, gens de bon ton et de la meilleure compagnie, mais littéraires comme on l'est dans le monde, se pâmant devant les bouts-rimés qu'ils imposaient à cet excellent homme qui avait fait cependant de magnifiques vers dans sa vie. Car j'aime autant vous dire son nom : c'était Emile Deschamps, qui vaut bien qu'on rappelle sa mémoire.

Et quelle sotte entrée j'y avais faite quand j'y pense aujourd'hui ! J'avais treize ans et je m'étais ingénié à rimer une belle ode, dans la façon de Jean-Baptiste Rousseau, en l'honneur d'une vieille grand'tante à moi, chez qui je me trouvais à Versailles et dont c'était la fête. La chère femme, qui avait bien l'esprit subtil et charmant, primesautier et futile des personnes nées sous le Directoire, — car un singulier vent de belle humeur avait soufflé par la France après l'ouragan révolutionnaire, — trouvait un peu austère l'éducation qui m'était donnée par mon père, et j'avais voulu lui prouver que je savais, au besoin, badiner et complimenter comme un muscadin. Elle était d'ailleurs si bonne pour moi que j'avais mille choses tendres et filiales à lui dire! Elle fut enchantée, et ne s'avisat-elle pas de porter ce petit morceau de littérature à Emile Deschamps, son voisin du boulevard de la Reine et avec qui elle était en relations mondaines. Celui-ci, qui était la politesse même, me trouva infiniment de talent, pour être agréable à ma grand'tante, et m'invita à sa soirée du lendemain, où j'apparus comme enfant prodige, ce qui est bien le rôle le plus odieux qui se puisse imaginer. Heureusement que je n'y suis plus exposé aujourd'hui! Mais quel drame! J'étais grand comme une perche, maladroit de ma personne comme un héron, maigre et honteux, me sentant gauche et l'étant plus encore par ma timidité, n'ayant jamais quitté mes foyers, comme disent les soldats, pour la vie de collège. J'étais assez rustiquement vêtu, et il s'agissait, pour ma protectrice, de faire de moi un jeune élégant. Je me rappelle que ce fut le valet de pied qui me prêta une cravate blanche. Quel être compatissant me fournit l'habit noir dans lequel j'avais l'air de faire une pleine eau? Je ne m'en souviens plus aujourd'hui. Ce fut à la fois mon début comme littérateur et comme copurchic. Je ne crois pas que Brummel m'eût revendiqué pour son fils naturel, en me rencontrant. Emile Deschamps n'en fut pas moins adorable pour moi; mais je n'eus aucun succès auprès des femmes. Il y avait là de fort jolies demoiselles, ma foi! qui me regardaient en ricanant. Elles n'avaient de regards encourageants que pour un fils de famille, assez mauvais sujet, j'imagine, car ses parents l'avaient fait engager dans un régiment de cuirassiers en garnison à Versailles, et qui coquetait, en bourgeois, impeccablement habillé par quelque tailleur en renom. Je le pris, du premier coup, dans une haine abominable. Pauvre garçon ! Il était peut-être officier à la charge de Reichshoffen, et y a laissé ses os !

J'ai dit déjà que la soirée fut infiniment plus mondaine que littéraire vraiment. J'admire aujourd'hui avec quelle complaisance résignée Émile Deschamps se mettait à la portée de ses visiteurs, et le plaisir qu'il semblait trouver aux choses parfaitement indifférentes et banales qui se disaient sous son toit. Ce n'est pas Théophile Gautier qui eût eu de ces patiences-là !

De retour à la maison paternelle, j'écrivis à Emile Deschamps pour le remercier de son accueil; je n'avais pas su dire un mot de la soirée. Je mettais une certaine vanité à lui prouver que si j'étais muet, ce n'était pas que je n'eusse quelquefois une idée comme tout le monde. Il me fit l'honneur de me répondre et de me donner des conseils, m'encourageant à faire des vers et me recommandant la rime riche, comme absolument nécessaire aujourd'hui. C'est dans cette lettre que j'ai trouvé cette formule qui me semble la meilleure qui ait jamais été donnée en art : « La forme n'est rien, mais rien n'est sans la forme. » Cela a l'air parfaitement naïf et clôt cependant victorieusement la feinte discussion qui imagine entre le fond et la forme un antagonisme purement spécieux. Ah ! comme ils me font rire ceux qui accusent certains poètes d'avoir une forme magnifique et pas d'idées dessous ou dedans ! Qu'ils conviennent donc plus simplement et plus modestement que leur concept, à eux, est impuissant à pénétrer jusqu'au profond de ce qu'ils admirent. La poésie est une langue intermédiaire entre le parler ordinaire et la musique. Elle n'a de raison d'être, ni aussi claire que le premier, ni aussi mystérieusement obscure que la seconde. Elle ne doit pas solliciter seulement l'entendement, mais le rêve; elle doit agir sur les sens par un charme uniquement plastique, tout en évoquant la pensée. Mais je reviens à ce court évangile d'Emile Deschamps. Elle n'avait que deux pages cette lettre, ce précieux autographe dont je ne me sépare jamais. Mais pas une ligne qui ne fût d'une justesse absolue et qui ne proclamât cette grande réforme romantique dont il avait été un des instigateurs glorieux, et qui rendit au vers français sa sonorité vaillante, sa savante harmonie.

Je le dis à ma honte; je ne revis plus jamais, ce vieillard charmant qui m'avait écrit la vérité avec une conscience si rare et si paternelle. J'en ai souvent le remords, sentant bien qu'il fut, de loin, mon maître, avant les maîtres que j'ai suivis depuis, et comme le précurseur pour moi de Théodore de Banville à qui je dois l'hommage du peu que j'appris, dans cet art difficile de faire chanter les mots et d'y mettre une âme. C'est au profond de mon cœur — et cela vaut peut-être mieux — que j'ai gardé la mémoire de ce doux poète rencontré, par moi, au seuil de la carrière et qui, du doigt seulement, m'y montra ma route ; au profond de mon cœur, dis-je, et près du souvenir de ma vieille grand'tante pour qui j'avais fait mes premier vers.

V

FRANÇAIS

J'ai rencontré hier, dans l'atelier de mon ami Feyen-Perrin, le paysagiste Français, que je n'avais pas vu depuis plusieurs années. Français est aujourd'hui un des vétérans du paysage; son nom est inscrit au même livre glorieux que ceux de Diaz, de Rousseau, de Dupré, de Corot, ces maîtres qui firent, un instant, notre école aussi renommée que celle de Haarlem. Il fut un des géants qui secouèrent de leurs robustes épaules le vieux ciel olympique craquelé du paysage dit historique, puis, comme les bergers se dirigeant vers l'étable, retournèrent aux sources de la Nature, aux immortelles et calmes splendeurs des grands bois rêvant sous le firmament calme, des eaux claires s'épanchant entre les mousses verdoyantes. La forêt de Fontainebleau devint alors la véritable école de Rome de ces artistes sincèrement épris du Beau vivant et du Vrai réel. Bientôt les bois de Cernay en furent comme une succursale, un asile où les délicats cherchèrent des sites plus mouillés, moins grandioses peut-être, mais d'un aspect plus caressant. Ce fut, en vérité, une grande époque de renouveau, une magnifique étape de l'art national. Delacroix lui-même fut, en ce temps-là, un paysagiste de génie. J'en appelle aux rares visiteurs de la bibliothèque du palais du Luxembourg, où est un de ses chefs-d'œuvre les moins connus. J'en appelle à ce magnifique décor où Jacob lutte avec l'ange dans une chapelle de Saint-Sulpice. Quelle admirable variété dans cet épanouissement de tant de génies divers! Diaz avait vraiment broyé sur sa palette l'or des soleils couchants; Corot avait emprisonné sur la sienne l'argent poudreux des aubes à peine naissantes à l'horizon; Rousseau incarnait le charme éternel et vivant des choses dans des audaces dont son *Givre* est le chef-d'œuvre. Et d'autres que je ne nomme pas! Courbet qui, venu plus tard, s'affirmait dans l'interprétation des futaies mystérieuses où les chevreuils cherchent un asile; Chintreuil abordant le pittoresque des aspects imprévus. Nous vivons encore des débris de cette table magnifiquement servie comme par des génies de féerie. Ce fut admirable, en vérité.

Or Français est un des ouvriers de ce grand œuvre. Je ne veux pas savoir son âge. Qu'importe! puisque l'âge ne l'a pas courbé. C'est avec une émotion indicible que j'ai vu ce survivant des grandes luttes debout dans une sérénité toute virile, les joues encore teintes du sang vermeil de la jeunesse, souriant et calme, pareil à un demi-dieu. Une telle vieillesse ferait aimer la vie. Est-ce vieillir que demeurer ainsi pareil à soi-même, que garder au cœur la facilité d'émotion, la passion et la tendresse des choses, comme aux plus belles années de la vie? Tel est Français, et c'est avec un respect religieux que je l'écoutais parler de Claude Lorrain dont il veut honorer la mémoire, que je le voyais causer avec de jeunes femmes, les yeux illuminés d'une chaleur douce et pénétrante comme un homme qui a toujours aimé. Ayant la beauté impérissable des traits, son visage n'a pas changé, mais un double flot d'argent, montant de la barbe et descendant des cheveux, le borde comme un rocher doré par le soleil couchant et au pied duquel la vague vient mourir. Avec quelle ardeur il parlait du vieux maître nancéen! Avec quel affectueux son de voix il s'adressait à celles qui le regardaient avec admiration! André Chénier a écrit d'aimables vers sur cet amour que la vieillesse sage garde à la beauté. Laissons à la comédie l'odieuse grimace de Géronte jaloux. Pour qui a mis la femme au-dessus de toute chose, la vieillesse, elle-même, garde de nobles plaisirs. Bonnat vient de faire un magnifique portrait de Français. C'est son chef-d'œuvre, je crois.

Et, durant que mon orgueil patriotique s'exaltait — car, avec mes scepticismes politiques, je suis chauvin comme pas un — à la mémoire de la gloire artistique dont le dernier représentant était devant moi, quelque chose de plus intime, une impression plus familière s'élevaient, en moi, en même temps. Je me rappelais où j'avais vu Français, il y a vingt ans, déjà entouré de respect et adoré par un groupe d'artistes qui permettaient à un simple faiseur de vers de partager leur vie. Comment donc! Mais un des maîtres de Français lui même faisait partie de ce groupe, celui que nous appelions : le père Achard, et dont la barbe coulait déjà sur la poitrine comme un fleuve de neige! J'ai parlé, en son temps, de ce très remarquable artiste quand il mourut au fond du Dauphiné, plus connu des amateurs que du public peu sensible à l'art délicat de ses paysages. Nazon était aussi là, qui eut son heure de célébrité juste; car je sais des paysages de lui, des rives du Tarn ensoleillées par le couchant qui font justement penser, par leur belle lumière savamment dégradée et par leur sérénité arcadique, aux toiles de Claude Lorrain. Celui-là est aussi un exilé aujourd'hui, et je ne crois pas que Montauban s'en plaigne, car ce peintre bien doué est, de plus, un homme d'infiniment d'esprit, lettré comme un jésuite et sachant tout Ronsard par cœur, ce qui suffirait à relever le niveau de toutes les conversations provinciales; Jules Breton, qui n'était pas encore le poëte exquis que Lemerre nous a révélé; Harpignies avec sa rude tête de paysan et sa robuste carrure; Feyen-Perrin ignorant encore de la mer de Cancale et tout entier à la figure nue qu'il traite en maître; Henner, déjà plein de gloire, étaient les commensaux du sage banquet qui nous réunissait rue Jacob, et où Platon lui-même eût pris plaisir. Car une grande gaieté était le plat de chaque jour.

Ah! comme les morts ont été vite dans ce coin où tant de rires et de chansons ont retenti! Celui qui donna le signal du départ fut Blin, un peintre de marines, très personnel, dont le député Gastineau, qui l'a été rejoindre, avait de magnifiques études tout imprégnées des fraîcheurs de l'Océan. Pauvre Jundt! La gaieté bruyante de ces agapes amicales, Jundt qui, sous l'Empire, et rien qu'en infléchissant sa moustache différemment, figurait à s'y méprendre, et tour à tour, le roi Victor-Emmanuel et Napoléon III, en sorte qu'il faisait causer ces deux souverains et disposait entre eux des destinées de l'Europe, Jundt aussi s'en était allé, et par une fenêtre, broyant son crâne aux pavés de la rue! Français me parlait hier aussi d'un autre disparu, un critique d'art plein de sincérité et d'aperçus ingénieux, le pauvre Amédée Cantaloube. Et Doré donc! Gustave Doré qui venait en gâcheur de plâtre aux bals costumés que donnait alors Feyen-Perrin dans son atelier de la rue Mazarine. Ces bals ont laissé dans le quartier d'inoubliables souvenirs. Un orgue de barbarie en dirigeait les danses anacréontiques: le jambon s'y multipliait et la bière y coulait à flots. C'était un vacarme dans la paisible rue, et tous les voisins fermaient leurs croisées, toute la journée du lendemain, pour dissimuler aux jeunes filles la sortie tardive des modèles portant encore des costumes d'une inénarrable fantaisie. Il y eut un grand soupir de soulagement dans la tranquille population de la rue Mazarine le jour où cessèrent ces fêtes que l'indignation bourgeoise n'hésitait pas à qualifier d'orgies.

Ainsi tous ces riens d'autrefois se pressèrent dans ma pensée en causant, après si longtemps, avec Français qui dominait déjà de sa glorieuse maturité toutes les joies exubérantes de notre jeunesse, mais qui y souriait avec la grande indulgence que le talent et la haute probité mettent toujours au cœur. Ainsi me remémorai-je bien d'autres choses encore, et des noms vinrent-ils sur mes lèvres que je ne prononçai pas devant lui. Que sont devenues les compagnes de ces heures folles, les maîtresses d'antan qui nous semblaient alors si belles ?

> Dites-moy où n'en quel pays
> Est Flora, la belle Romaine,
> Alciplada ne Thaïs
> Qui fut sa cousine germaine ?

comme dit l'immortelle ballade de Villon.

> Mais où sont les neiges d'antan ?

Pour moi, comme pour tous ceux qui survivent encore à ce temps de gaieté, l'amour est venu, sans doute, après les amours, l'éternelle douceur d'aimer vraiment et de recueillir, dans une seule adoration fidèle, tout ce qui fut le désir; et le Rêve est descendu dans les cœurs des hommes de cette génération. (Je plains ceux à qui elle n'est pas venue.) Je n'en envoie pas moins un adieu attendri aux pauvres filles de Bohème qui mettaient leur rire jeune et éclatant dans ce beau soleil.

VI

ACHARD

J'étais à Toulouse quand me parvint la nouvelle de la mort du paysagiste Achard. Les journaux qui me tombèrent sous les yeux consacraient à sa mémoire quelques lignes de biographie élogieuse, mais je ne lus dans aucun que la France venait de perdre un des plus grands artistes de ce temps. Retiré depuis plus de quinze ans dans le Dauphiné, où je le rencontrai, il y a quelques années, en allant à Uriage, arrivé à une vieillesse extrême, bien que vigoureusement supportée, Achard était oublié, — non pas du public qui ne l'avait jamais beaucoup connu, — non pas de ses élèves, dont l'un s'appelle Français et l'autre Harpignies, mais de la jeune pléiade qui est aujourd'hui dans la lutte, mais, — ce qui est plus grave, — de la critique à qui l'immense production contemporaine ne permet guère le retour vers le passé.

Passé glorieux cependant que celui de ce vieil homme dont j'entendis, un jour, Corot parler avec une admiration attendrie! Il avait été un des promoteurs du mouvement qui fit de notre école de paysage moderne la rivale de l'école de Haarlem. D'autres, comme Rousseau, Jules Dupré, Diaz eurent la renommée retentissante. Mais Achard avait combattu près d'eux, au premier rang, et peut-être ses toiles, plus rares que les leurs, ne seront-elles pas, un jour, moins recherchées des amateurs. Ce retour passionné vers la Nature, qui fut la caractéristique de cette révolution, n'est nulle part affirmée avec plus d'amour et de violence. Les ciels, les arbres, jusqu'aux brins d'herbes, tout y est touché d'un pinceau plein de tendresse, et, s'il est vrai, comme le disait Delacroix, que l'art n'est que la Nature vue à travers un cerveau humain, c'est à travers l'âme même de Virgile qu'Achard en contemplait les merveilles et en tentait, avec une conscience recueillie, l'interprétation.

Un trait curieux et bien digne de ne pas être omis dans l'Histoire des Peintres me fut conté, à ce sujet, par Harpignies. Celui-ci n'avait pas été précisément destiné par sa famille aux divines joies de la palette. Fils de grands manufacturiers, les siens l'avaient rêvé chimiste ou mécanicien. C'est l'aventure éternelle; et qu'ils sont sages les parents qui veulent qu'une vocation vraie s'affirme par la résistance à leur propre volonté! Ce sont nos meilleurs maîtres, à nous peintres ou poëtes ; car ils nous apprennent le courage de la lutte et la vertu de l'obstination. Harpignies était destiné à les connaître l'un et l'autre. On lui avait permis cependant de prendre des leçons d'Achard, et celui-ci l'avait emmené dans son pays pour y travailler en face des montagnes, dans le grand silence des choses qui est comme un vide propice à l'éclosion de nos pensées. Qui l'a vu une fois ce magnifique paysage de l'Isère, dont le ciel semble soutenu, comme un dais d'azur, par les lances d'argent que dressent, en tous sens, les cimes neigeuses des montagnes, ne saurait l'oublier. Mais le maître se garda bien d'abandonner son élève à l'impuissante admiration de ce vaste panorama. Il le conduisit devant un tertre modeste que surmontait un petit arbuste et l'engagea à le copier de son mieux. Harpignies possède encore ce premier essai d'après nature, et il y tient plus, pour le souvenir qu'il lui rappelle, qu'à ses œuvres les plus vantées.

Donc, chaque soir, il rentrait, sa toile sous le bras et la soumettait à Achard qui, lorsque la journée avait été bonne, souriait à son travail et murmurait, au plus, quelques paroles d'encouragement. Le tertre était assez bien venu, mais une des branches du petit arbre s'empâtait lourdement dans le fond, et l'apprenti peintre avait grand'peine à l'en dégager. Plusieurs séances s'étant passées dans d'inutiles tentatives à ce sujet, il prit un parti héroïque, celui de modifier légèrement la silhouette générale du végétal. Je crois même, Dieu me damne, qu'il imagina un bout de feuillage décoratif qui lui manquait.

Il faut entendre Harpignies raconter le reste, encore sous le coup d'une des émotions les plus terribles de sa vie. A peine Achard eut-il jeté les yeux sur la toile qu'une stupéfaction profonde, quelque chose comme une incrédulité mise à l'épreuve, se peignit dans ses yeux. Puis toutes les rougeurs de l'indignation lui montèrent au visage. Son élève craignit un moment une attaque d'apoplexie. Enfin, d'une voix étouffée par la colère et la douleur: — Monsieur, lui dit-il, si cela vous arrive encore, je vous enverrai faire des souliers! Et il se détourna avec un mépris furieux, ne pouvant pas supporter davantage la vue de son petit arbre qu'il connaissait par cœur, jusque dans les replis les plus sinueux de l'écorce, et qu'un drôle avait osé transformer suivant son propre caprice! C'est ainsi que ce grand peintre aimait la Nature, comme les prêtres aiment l'autel, avec la pieuse et constante terreur d'un sacrilège.

Où l'ai-je connu? Là où je vous ai mené déjà, s'il m'en souvient, dans ce petit coin du pays Latin où j'ai passé tant de belles heures de jeunesse; là ou j'eus pour compagnons Feyen-Perrin, les deux Breton, Henner, Delaplanche, ce pauvre Jundt qui préludait à une fin tragique par tant de gaieté, Gustave Doré, que sais-je encore! Beaudelaire et

Pierre Dupont, étaient aussi des nôtres, celui-ci rasé comme un forçat, celui-là chevelu comme un demi-dieu, souriant dans sa barbe fleurie avec quelque chose d'un christ dans le regard. Et Nazon qu'on oublie trop aussi — car je sais de lui des paysages empreints de la sérénité tranquille de Claude Lorrain — Nazon qui se rappelait volontiers, pour disserter, qu'il avait failli être ministre protestant. Savez-vous comment il s'était tiré de ce pas délicat? Ayant achevé ses études au séminaire huguenot de Montauban, il n'avait plus à subir que la dernière épreuve, celle qui consiste à prononcer une homélie devant ses professeurs assemblés. Nazon prit pour texte la perfection humaine; dans une oraison pleine de chaleur, il supplia publiquement Dieu, devant ses condisciples, de ne le pas rendre aussi ennuyeux que son maître de théologie, aussi pédant que son maître de latin, aussi bête que son maître de droit canon, aussi ridicule que son maître d'histoire religieuse... Tous ceux qui avaient eu le bonheur de lui enseigner quelque chose eurent leur paquet. Ses condisciples trouvèrent l'idée ingénieuse et s'amusèrent comme de petits bossus. Mais la Faculté n'en jugea pas de même, et il fut décidé que l'élève pasteur Nazon manquait tout à fait de componction et surtout de charité angélique. On l'envoya peindre les bords du Tarn, et il ne s'en trouva pas plus mal. Quel lettré délicieux c'était et c'est encore certainement! Mais quel adorable paresseux aussi ! Pendant les dernières années qu'il habita Paris, il ne sortait jamais sans un bout de panneau représentant un bouquet de fleurs — un chef-d'œuvre — toujours le même, et à ceux qui allaient lui demander : — Eh bien, vous ne peignez donc plus? — Il répondait : Voilà ce que je viens d'achever! Et je crois qu'il se trompait ainsi lui-même. Hirsute crépu, avec un nez pareil à celui d'Ovide, Nazon est une figure dont on se souvient aussi toujours.

Achard était, parmi nous, comme un patriarche. Il était déjà tout blanc comme ses montagnes du Dauphiné. Ses traits très arrêtés, son visage sillonné de rides, une barbe pas très longue mais très épaisse le faisaient tel qu'on représente saint Pierre ; et, de fait, il eût été bien choisi pour garder les clefs du Paradis de l'art et n'y eût laissé entrer que les élus. Il avait bien l'air rébarbatif qui convient à ces missions prudentes et, lorsqu'il nommait des peintres sans talent, c'était avec l'indignation d'un homme qui n'entendait pas qu'on profanât un sacerdoce. Mais venait-on à parler de choses de la Nature, sa physionomie s'attendrissait tout à coup, ses yeux se mouillaient comme dans une extase, et les mots venaient à ses lèvres souriantes comme si un flot de miel y eût coulé en même temps. Cette transformation était la plus touchante du monde. Il avait alors pour les ruisseaux, pour les collines, pour l'envolée changeante du ciel, pour les verdures naissantes et ployantes sous les pourpres automnales, des phrases d'une tendresse infinie. L'âme de Pan était là, éperdue du charme des choses, les divinisant dans un culte superbe. Et rien n'était beau alors comme le visage de ce vieillard qui parlait de son art comme on parle de ses amours.

Il était fort épris de l'eau-forte en ce temps-là, et le grand mouvement aquafortiste auquel nous assistons encore l'eut aussi pour instigateur et pour devancier. Je connais de lui un album de vingt planches qui, à côté de sa grande valeur artistique, a une véritable valeur historique. Car il servit de point de départ à bien des travaux. Depuis ce temps, les procédés de la pointe dont Marcellin Desboutin est aujourd'hui le grand maître se sont affirmés dans le sens de l'énergie et de la vigueur des rendus. Mais ils n'ont jamais dépassé ce qu'Achard y avait mis, du premier coup, de grâce délicate, d'ingéniosité et de conscience. C'est harmonieux et léger comme du Corot, avec un instinct du détail qui fait penser à Français. Je recommande aux amateurs cette petite collection, si toutefois elle n'est pas depuis longtemps épuisée. Sans recherches puériles, en demeurant sommaire, l'exécution y poursuit, dans ses méandres logiques, le moindre branchage. Car Achard, comme Harpignies, était de ceux qui pensent que les arbres, comme nous, ont une figure, et qu'on ne leur ajoute pas un membre plus impunément qu'un nez à notre visage.

Cher grand artiste ! Ame de peintre et de poète tout ensemble ! Ceux qui ne cherchent que la gaieté dans mes livres me pardonneront de m'être attardé à un souvenir qui voudrait être, en même temps, une œuvre de justice. Aussi bien, j'ai beau vouloir ne demander une inspiration quotidienne qu'à la vie imaginative, un impérieux désir me reprend souvent de donner aux amitiés que j'ai su garder, tout un gage de mémoire et de tendresse. Combien sont partis déjà de ces compagnons d'antan qui tous n'avaient pas, comme Achard, le droit de s'en aller avant moi ! Rarement je repasse devant la porte que nous avons franchie ensemble tant de fois, et qui donne sur la petite salle encore tapissée de tableaux et d'ébauches signées de noms illustres aujourd'hui. Plus rarement encore j'ai le courage de la pousser devant moi. Il me semble que j'effarouche le mélancolique écho des éclats de rire et des chansons. J'en veux aux hôtes innocents de ces lares publics qui, pour leur argent, occupent nos places et boivent peut-être dans nos anciens verres. Te rappelles-tu, mon cher Feyen, que j'étais assis toujours auprès de toi ? Te rappelles-tu nos amoureuses qui, elles aussi, ont fui vers l'inconnu d'où l'on ne revient pas ?

VII

ÉMILE VILLEMOT

Je n'oublie pas mes morts, mon cher Villemot. Et il y a, à ma mémoire, une raison bien simple : c'est que je ne crois pas qu'ils soient morts. Des yeux que nos mains pieuses ont fermés, je pense et je dis, comme Sully-Prud'homme :

> Mais qu'ils aient perdu le regard,
> Non ! non ! cela n'est pas possible !
> Ils se sont tournés quelque part,
> Vers ce qu'on nomme l'Invisible.

Et, bien moins encore, supposerais-je jamais qu'un charmant esprit comme le vôtre se soit simplement évanoui en fumée. Vous êtes présent à moi, mon cher compagnon, comme aux jours où nous concourions, côte à côte, à la gaieté du *Gil Blas* qui vous doit tant de sa rapide renommée ; car, plus que tout autre, vous en étiez la belle humeur et la fantaisie, vous que la Mort allait prendre et qu'elle trouva le sourire aux lèvres ! Oui, de tous les parrains de *Gil Blas*, vous êtes celui dont il doit garder le plus cher et le plus reconnaissant souvenir ! Toutes nos causeries affectueuses de ce temps me sont si bien demeurées dans l'esprit qu'il m'arrive de les reprendre tout seul et comme si vous me répondiez. Ah ! dans quelle belle colère nous nous serions mis ensemble, en voyant le benoît latin menacé dans sa scolaire béatitude et secoué de l'arbre des siècles, comme un inutile fruit ! Et ne fut-il pas la moelle même de cette vieille langue française dont vous fîtes, dans votre *Brantôme de poche*, une si amusante résurrection ? Qu'aurait été Rabelais sans cette prodigieuse érudition de l'antiquité qui déborde en ses livres sublimes ? Qu'eût été Montaigne, dont le plus grand chef-d'œuvre est un commentaire de quelques vers de Virgile ? C'est s'en prendre aux sources mêmes de notre esprit et les vouloir tarir que s'attaquer à ce trésor des vieilles études. Remplacer, dans l'âme française, Lucrèce par Shopenhauër ! notre vaillant scepticisme par la rêverie allemande ! On ira droit à cela en retirant Horace des mains de nos fils pour y mettre Gœthe ! Car, après tout, ce sont les livres qui font les hommes. Vous étiez bon patriote, mon cher Villemot, de ceux qui estiment que la patrie est moins faite de territoires que de traditions et de provinces que d'esprit national, et qu'on la mutile moins en lui volant quelque terre qu'en détruisant en elle les germes sacrés de ce qui fut sa gloire. Oui, comme moi, vous vous seriez indigné, au nom de ce vieil et charmant idiome des aïeux qui était fait de latin tout pur et que nous aimions tant l'un et l'autre ! J'en ai reçu un échantillon curieux ces jours passés, une de ces imitations toutes modernes auxquelles vous excelliez, et, pour vous, je le veux transcrire ici, pensant que l'auteur vous l'eût adressé de préférence à moi, s'il eût connu la planète où, vous non plus, mon bon camarade, vous n'oubliez pas, j'en suis certain, nos rires d'autrefois et mon affection fidèle.

Je copie donc maintenant :

« Iadys vivoyt, en ung païs non loing de la Garonne, ung iusticiard légier de chicquanerie — pour ce devant Dieu soit sa belle aame ! — ains quelque peu alourdy d'aage et fourbu des rognons, pour ce que s'estoyt en son temps monstré bon et solyde compère en ceste anticque noyse, id est sac à procès, laquelle nommons ieu d'amour, et iamais ne failloit, de bric ou de broc, mais sus tout d'estoc, à pipper au passage toute espèce de gybier, tel que bécasses, bécassynes, sarcelles, canes, oyes, poulettes, cocottes, dindes, pigeonnes, estournelles, grives, fauvettes, pyes, gelinottes, poules hup-

6

pées, alouettes coëffées et aultres savoureuses femelles à deux pieds et sans plumes, soy levant et dodelinant de l'arrière-train à portée de sa colichemarde. Pourtant estoyt il encore assez solyde sur ses estriers. — Eh! qu'est ce cy? — C'est breloques, pandouères, contrepoids du grand balancier, c'est tout ung, et s'y les nommè-je bien estriers, veu que, quand ils sont bien guarnys, peut on dire que *l'estre y est* ; — oh! le villain! ains depuis ung petit, ne pouvoyt fournyr qu'une seule chevaulchée, encore luy falloyt il assez long repos entre les étapes.

» Or advint ung iour, chez Messire juge de paix, un iolye fille — besoing est il de la despeindre, puisque telle la treuva? — laquelle, employée en une papeterie vicinale, venoyt faire sa plaincte en iustice pour ce que elle avoyt esté, ce disoyt elle, violée. Mons Iusticiard, humant une bonne aubaine et flayrant, soubs la rude chemyse, bonne odeur de chiayr fresche, d'essuyer ses bézicles et interroguer mademoiselle en mettant les poincts sur les *i* et se frottant ioyeusement les mains, veu que précisément avoyt ieusné depuis aulcuns iours par raison d'économye!

— Eh da! que faictes-vous, la belle fille?
— Colleuse en la papeterie de...
— Ah! ah! colleuse! Mais équivocquer ne me convienct. Ah! ah! ah!

» Et mondyct juge de rire comme figue meure.

» Brief, se sentant en veine, délibère d'instruyre

l'affaire à fond, se feit mener par la guarce en la grange au viol pour rétablir les faicts, se faysant démonstrer par le menu tout le subiet du pourchaz, luy jouant le roole du maulvais guarson et se guardant de rien oublyer pour éclairer dame Iustyce, laquelle, veu son grand aage, a grand besoing y veoir de près, sus tout ès endroicts obscurs, tant qu'ils finirent tous deux par reconstituer congruement le delict depuys alpha jusqu'en oméga.

» Entre temps Iusticiard d'interroger et belle fille de respondre :

— Et comment estiez-vous placée ?
— Comme cecy.
— Et luy ?
— Comme cela.
— Et comment estait-il ? Ainsy ?
— Oh ! que nenny !
— Et maintenant ?
— A peu près.
— Et comment vint-il ?
— Ainsy.

Cuide pourtant que le dialogue se tenoyt en bon patoys, hormis en la péroraison, laquelle est la mesme en toute langue, et que messer Iusticiard, suant ung peu d'ahan d'avoir tant rudement besoygné, et deument édifié sur la nature du viol, demanda à la fille :

— Et après ? que fict-il ?
— Après ?... li recommencé.
— Li recommencé ! — respond le juge en se

rajustant et ramassant son chapeau : — « Oh ! oh ! Allez querré lou greffié ! »

Tout cela n'est-il pas, mon cher Villemot, du bien innocent badinage ? Vous en pouvez mieux juger que moi, sans doute, l'horizon des choses s'étant fait plus large devant vous, et délivré que vous êtes des bégueuleries terrestres et des humaines hypocrisies. Cette éternelle histoire d'amour dont riaient si franchement nos pères, on la voudrait proscrire des familières causeries pour je ne sais quelle raison de méchante pudeur que les vrais gens de bien n'entendent guère. Ah! cette ignorance charmante des jeunes filles d'antan qui étaient censées croire, jusqu'à vingt ans, que les enfants se font par l'oreille, et devant qui il fallait chercher d'habiles périphrases pour conter néanmoins ces gaudrioles obstinées, que de jolis tours de langage, que de métaphores heureuses elle valut à l'esprit français! Maintenant que ces demoiselles seront toutes de première force en anatomie comparée, il sera malaisé de leur faire entendre que quand Sarah se plaignait de sa stérilité, c'est qu'elle était sourde simplement! C'est scientifiquement, avec les termes galants de l'Ecole de médecine qu'on parlera des choses de l'amour. Trouvez-y donc encore après quelque trace de gaieté ou de malice ? Il était si bon de ne pas appeler toujours un chat un chat !... Quand je pense au torrent de connaissances utiles qui menace d'engloutir la tant précieuse futilité qui faisait l'honneur de notre race, je me prends, mon ami, à vous louer de n'en avoir pas attendu le débordement. Nous sommes au seuil d'un monde bien ennuyeux, où l'art tiendra bien peu de place, d'un monde pratique et dégoûtant pour lequel nous n'étions faits ni l'un ni l'autre. Et on nous parle de morale ! comme si Platon n'avait jamais vécu ! comme si le Bien pouvait être sans le Beau ! Que pensez-vous de cette morale toute en largeur qu'aucun idéal ne soulève ? N'a-t-elle pas la tranquilité sinistre du suaire qu'aucun mouvement ne fait tressaillir, qu'aucun souffle n'agite ? Race morte, en effet, que celle à qui suffira ce drap égalitaire qu'aucun frisson de rêve ne déchire çà et là, et sous lequel l'esprit français dormira son éternel sommeil.

Il était doux pourtant et fructueux pour l'univers entier le temps où l'âme française, fille de l'âme latine, réchauffait le vieux monde avec la musique divine de son rire, et la gaieté où semblaient couler la pourpre et l'or de nos vins !

VIII

AMÉDÉE CANTALOUBE

Le 3 avril 1883, mourait, à Lille, un des lettrés les plus délicats que j'aie connus, un des esprits les plus dévoués aux nobles choses de l'art et de la pensée. Amédée Cantaloube avait eu, comme critique parisien, son heure d'autorité, et ses Salons ne sont pas oubliés de ceux que le mouvement pictural contemporain intéresse. La province l'avait repris, mais dans la grande ville qui l'avait recueilli, son renom de connaisseur était considérable ; il n'avait pas cessé, d'ailleurs, d'écrire, et, peu avant sa mort, il m'avait lu un roman, *Maestra pia*, que la piété de ses amis, sinon l'intelligence de ses éditeurs, ne laissera pas dans l'ombre des œuvres manuscrites. Car j'y sais des pages d'amour qui méritent de vivre. Pauvre garçon ! ce fut son dernier rêve de gloire, rêve dont la Mort, sans doute, aura eu la pitié de ne pas le réveiller. Je pleure en lui un des plus fidèles amis de ma jeunesse, un cœur toujours grand ouvert, l'être le meilleur assurément que j'aie rencontré. Je pleure celui qui crut en moi le premier, qui encouragea mes premiers essais littéraires, qui me défendit toujours, et c'est un tribut de reconnaissance que je paye en le nommant à ceux qui depuis quinze ans me font l'honneur de me lire et qui, sans lui, ne m'auraient vraisemblablement jamais lu. Car ce fut une curieuse aventure que celle de mon premier volume de vers, si curieuse que je la veux conter ici. D'autant qu'elle ramène mon souvenir vers des absents auprès de qui j'aime à revivre et qu'évoque, autour de moi, le silence de cette nouvelle tombe.

J'avais fait des vers de tout temps, mais sans les montrer à qui que ce fût. On s'occupait peu de poésie à l'Ecole polytechnique. J'en étais déjà sorti depuis huit ans, quand je lus un sonnet à Amédée Cantaloube, un sonnet, puis deux, puis toute la série enfin de mes sonnets païens. Il me demanda à les emporter chez lui pour les relire et m'en donner un avis mieux médité. Trois jours après, je recevais une invitation aux mercredis de Fromentin. Ce grand peintre, doublé d'un écrivain de race, habitait alors, au coin de la place Pigalle, une grande maison de brique rouge. Une fois par semaine, il recevait quelques amis dans son superbe atelier, dont l'ordonnance était d'une propreté hollandaise. On était peu nombreux. Comme Baudelaire, Fromentin pensait que « c'est le petit nombre des élus qui fait le paradis ». Gustave Moreau, le sculpteur Christophe, Berchères, Busson et Cantaloube composaient le plus souvent ce petit cénacle autour d'une tasse de thé.

Je le revois encore, Fromentin, dans sa petite vareuse de velours noir. Il avait de grands yeux ardents qui lui éclairaient toute la face, des yeux où tout le soleil de l'Orient semblait avoir pénétré. Sa façon de parler, scandée par une mimique nerveuse, était pleine de feu et d'entrain. C'était un causeur admirable, un esthéticien merveilleux. Il fallait l'entendre juger les tendances actuelles et conter les mésaventures de Carpeaux demeurant à Fontainebleau, malgré l'Empereur, pour faire le buste de l'Impératrice avec des ébauchoirs qu'il avait familièrement taillés dans sa table de nuit.

— Pourquoi ne publiez-vous pas vos vers? me dit avec une brusquerie affectueuse Fromentin, en manière de salut.

— Parce que je n'ose pas les présenter au public.

— Eh bien, moi, je m'en charge. Je vous ferai une préface.

Il me sembla que je rêvais. C'était le bon Cantaloube qui m'avait réservé cette surprise-là. Je lui sautai au cou quand nous fûmes à la porte.

Cependant l'impatience m'était venue et ma préface n'arrivait pas. Quand j'en parlais à mon ami, il grommelait entre ses dents sans me répondre bien précisément. Un jour enfin, je reçus quatre pages de Fromentin. Hélas! elles étaient écrites d'une admirable écriture, pleines de choses aimables et affectueuses, mais elles m'annonçaient qu'il renonçait à son dessein. — « Je suis un chaste, en art, m'écrivait-il, et me trouve horriblement gêné pour parler de vers aussi audacieusement passionnés. » Il me faisait même entrevoir la possibilité de poursuites, ce qui m'ébaudit au plus haut point. Car j'ignorais, en ce temps-là, qu'on pût être assez bête pour mesurer les choses de l'art à l'aune de la morale publique. Cette perspective m'inspira tant d'indignation et de dégoût que mon parti fut pris bien vite. J'allai redemander mon manuscrit à Fromentin, qui m'apprit que Cantaloube s'était chargé de me le rendre. Mon intention était très nettement de le jeter au feu et de faire dorénavant l'amour au lieu de le chanter, ce qui, après tout, était une résolution pleine de sagesse. Comme je préparais quelques margotins pour cet holocauste, un homme entra chez moi comme un ouragan, qui me prit dans ses bras comme un fou, me fourra dans les mains une douzaine de feuilles barbouillées de grosses lettres bleues et me dit d'une voix étouffée de plaisir : — Viens remercier George Sand ! Je me frottai les yeux pour regarder de plus près cet incohérent. C'était Cantaloube en personne. Il me conta tout de travers qu'il avait été trouver George Sand, qu'il lui avait lu mes sonnets, et que tout ce superbe gribouillage dont les caractères papillotaient devant nous comme des hiéroglyphes était pour moi. — J'ai une voiture, ajouta-t-il. Elle nous attend.

George Sand occupait alors, rue des Feuillantines, un petit appartement au plafond très bas. Quand j'entrai dans le salon, il y faisait sombre, et j'étais d'ailleurs si ému que je me cognais aux meubles. Je ne me rappelle de l'ameublement qu'un grand tableau de Delacroix que je fixai stupidement pour me donner une contenance. — Attendez, me dit-elle, que nous ayons déposé l'un et l'autre nos masques de timidité. Nous causerons ensuite. — Je n'ai jamais oublié ces premiers mots qu'elle avait prononcés d'une voix pénétrante et au timbre de contralto. Je l'ai constaté souvent depuis. Elle était timide ! timide même devant un débutant dont les genoux ployaient et qui aurait voulu baiser le bas de sa robe. Ce premier entretien fut fait de longues poses coupées par des propos d'une banalité parfaite. Je n'ai jamais su remercier, mais je me souviens toujours. Je devais d'ailleurs la revoir, la revoir beaucoup, la revoir chez elle, à Nohant, où elle m'accueillit un an après comme son enfant, brisé que j'étais par une des plus grandes douleurs de ma vie. Car c'est de cette grande femme que j'appris d'abord, avant que Théophile Gautier et Théodore de Banville me le prouvassent à leur tour, que la Bonté était le secret du génie. O chère grande morte, ô morte immortelle, comme Victor Hugo t'a nommée, cette première heure passée près de toi, dans le recueillement d'une reconnaissance muette, m'est aussi présente que le jour où, en te quittant, je ne sus non plus que dire à l'ami à qui je devais l'inestimable bonheur de t'avoir connue ! Cette préface a paru dans un des derniers volumes publiés de George Sand. Mais le manuscrit tracé en grosses lettres bleues sur lesquelles un pinceau avait promené quelques ratures, c'est moi qui l'ai toujours, et je ne sais rien à quoi je tienne davantage qu'à cette relique, comme il n'est pas de souvenir qui me soit plus glorieux que celui-là. Grâce à cette admirable introduction, mon premier livre fit quelque bruit.

Quelle horrible chose pourtant que ces séparations incessantes dont est faite la vie ! Fromentin est mort, jeune encore et dans la fleur de son talent. George Sand, frappée aussi en plein génie, repose sous les arbres fleuris qui, du mur de son parc, surplombent sa tombe. Celui par qui j'avais été initié au commerce de ces deux esprits d'élite, celui avec qui je pouvais parler encore de cette aventure si douce à ma mémoire s'est, à son tour, endormi. Il serait dur vraiment qu'il n'y eût rien par delà la tombe et que l'éternité dût remplir une absence dont nous sentons la douleur inconsolable. A quoi bon ce déchirement de nos cœurs si les morceaux en doivent être jetés au vent! A quoi bon ces tendresses perdues si l'avenir n'en doit reconstituer le faisceau ! Tout est illogique, absurde, odieux surtout, en dehors des espérances immortelles. Mais qui nous dit que l'illogique, l'absurde et l'odieux ne soient pas la loi de ce monde, l'inexorable loi qu'il faut subir? Tout semble le prouver autour de nous, et cependant l'esprit se révolte à le croire. Tu me pardonneras, lecteur, si j'ai voulu devant toi dire un adieu à celui par qui, toi aussi, je te connais, comme Fromentin, comme George Sand. Je te souhaite des amis pareils à celui-là et des compagnons dans la vie qui, comme lui, portent en eux l'amour du beau et de la vérité, le dévouement sans réserve, la bienveillance fidèle. Ceux-là laissent au moins, dans le cœur de ceux qui les ont approchés, une place toujours vide, défendue contre tous les égoïsmes, contre tous les oublis.

IX

HENRY FORNERON

Un homme d'un caractère vraiment haut, un écrivain de grand mérite, un historien qui laisse une œuvre, vient de mourir, et, çà et là, seulement quelques lignes nécrologiques lui ont été consacrées. Le nom de Henri Forneron n'était pas mêlé au grand brouhaha de réclame que nous avons le tort de prendre pour la vie littéraire. Il vivait à l'ombre du silencieux hommage de deux récompenses académiques. La grande dignité de vie de celui qui le portait, au foyer où ses vieux parents le pleurent aujourd'hui, était bien pour quelque chose dans cette volontaire et relative obscurité. Mais ceux qui, comme moi, l'ont connu, c'est-à-dire aimé, savent ce qu'il y avait de verve et de droiture dans cet esprit, de science véritable dans ses recherches, de sincérité dans sa méthode, et mesurent la perte très réelle que les lettres et l'étude du passé ont faite en lui. Peu bruyante de son vivant, sa renommée est de celles que le temps affirmera, le temps qui balaye, avec la poussière des jours, tant de gloires hâtives et imméritées! Le dernier livre de Henri Forneron, celui que j'ai voulu relire, en apprenant la fatale nouvelle, comme pour y retrouver l'écho le plus vibrant encore de sa pensée, est une Histoire générale des Émigrés, laquelle blessa bien des susceptibilités républicaines. Je ne suis pas fâché de dire à ceux qu'elle a offusqués, que j'ai connu Forneron républicain. C'était, il est vrai, sous l'Empire, où il y avait quelque mérite à l'être, quelque courage à l'avouer. L'étude de la légende et peut-être aussi l'expérience actuelle avaient, je le crois, modifié ses idées. C'était, je l'ai dit, une âme qui, sous des manifestations extérieures sceptiques, était, avant tout, éprise de vérité, et il était de ceux qui ne ferment jamais, de peur des pénibles découvertes, leurs yeux à la lumière. En tous cas, a-t-il pu écrire, s'il ne l'a fait, comme Montaigne, en tête de ce livre : « Ceci est un livre de bonne foy! » Il ne m'appartient pas d'analyser ici son œuvre, mais j'ai voulu dire de loin, à celui qui fut un temps mon compagnon dans la vie et qui demeura inaltérablement mon ami, l'adieu que je lui devais bien, l'adieu plein de douleur vraie dont le suivra longtemps ma mémoire. D'autant que son nom ramène ma pensée sur une époque à laquelle j'ai gardé le fidèle respect de tout ce qui touche à notre jeunesse !

C'est dans l'inspection générale des finances que j'avais connu Henri Forneron qui, quelques années après moi, quitta ce corps pour se livrer à son goût pour les recherches historiques. Exempt, je le crois, de toute gloriole administrative, j'ai gardé cependant quelque fierté d'avoir appartenu à l'inspection. Outre l'honneur — rare aujourd'hui — d'y avoir eu pour compagnie des hommes d'une probité professionnelle légendaire et dont les traditions étaient celles du bon ton, j'y ai connu l'intime joie d'aimer encore plus profondément mon pays. Car sept mois de l'année on courait la France, et cet exil qui me paraissait cruel alors, parce que Paris m'attirait par d'invincibles mirages, me fut une vraie leçon de patriotisme en me révélant combien la terre qui nous fut maternelle abonde en beautés et en splendeurs.

Ainsi ai-je rêvé tour à tour, enfiévré que j'étais alors de poésie, sous les chênes géants du Morvan, sous les châtaigniers immenses du Limousin, sous l'olivier provençal vibrant du chant des cigales, sous les pins de la Gironde qui descendent, majestueux, jusqu'à la mer. Ainsi ai-je tour à tour contemplé les cieux d'un bleu si tendre et si fin que découpe la silhouette des pommiers normands et les cieux dont l'azur sombre est celui du lapis ébréché à l'horizon par le panorama des maisons toulousaines aux toits rouges. Je ne saurais dire comment cette image si variée de mon pays repasse souvent dans ma pensée.

J'eus la bonne fortune de n'être jamais envoyé ni en Alsace, ni en Lorraine, et d'ignorer le charme des deux provinces ravies. Mon désir personnel, qu'on voulait bien consulter, me ramenait vers le Centre et vers le Midi. Le Centre, à cause du voisinage de Nohant où j'allais, à chaque occasion, faire une étape et me retremper l'âme sous le bon sourire de George Sand. O cher Berry! quelle patrie d'élection tu es demeuré pour moi, avec tes beaux ombrages où passait, comme un souffle, l'âme profonde du génie, avec tes roches où la légende habite, avec le nom sacré de la grande Femme qui t'aimait et qui t'a immortalisé! Quant au Midi, je l'ai toujours aimé pour son soleil et la noire chevelure de ses femmes, pour le sang latin qui y coule dans les veines et pour le vin qui y empourpre les verres. Et puis je suis, au fond, une bête d'habitude, très fidèle à ces impressions, et j'aime à revoir ce que j'ai déjà vu mieux qu'à découvrir ce que j'ignore. J'ai joliment bien fait de ne jamais détrousser un passant, comme cela devient une coutume. La police m'aurait peut-être découvert, par hasard, on m'eût mis en prison et on eût eu toutes les peines du monde à m'en faire sortir ensuite.

La tête de la tournée — ainsi nommait-on le groupe qui avait à parcourir un nombre déterminé de départements, en semant l'effroi parmi les comptables (j'ai beau faire, je ne me vois pas semant l'effroi) — demeurait au chef-lieu ou dans les villes douées d'un sous-préfet. Les moindres dignitaires — et j'en étais — ne dédaignaient pas l'humble chef-lieu de canton, voire le grand village dont un maire et un conseil municipal étaient l'unique éclat. Dans ces bourgs perdus, on se sentait vraiment son maître, ce qui est bien meilleur que d'être celui des autres. J'ai la mémoire de journées délicieuses, dans des coins de pays bien obscurs, où ne se parlait que du patois n'ayant rien de commun avec le volapük, pleines du bien-être que donne la solitude vivante où la pensée se meut sans se briser à aucune convention. J'ai rêvé là d'existences sauvages et primitives avec de larges amours sans loi! J'ai caressé des âges d'or que traversaient de souriantes images de femmes pitoyables à nos désirs! J'ai toujours été un matinal et le soleil se lève de bonne heure en été. J'allais pêcher dans les ruisseaux comme un pâtre d'idylle et je murmurais aux saulayes frissonnantes le nom d'Amarillys absente. Je me croyais fort malheureux d'être loin de Paris et je me serais volontiers comparé à Ovide chez les Thraces. Etrange mirage des choses à travers le souvenir! Il me semble maintenant que ces heures campagnardes, dans la vraie nature en fête, furent le meilleur temps que j'aie vécu, et volontiers voudrais-je en remonter le courant, même à travers les angoisses et les deuils qui en troublèrent la descente, comme les orages qui noircissent ou ensanglantent l'eau des fleuves, sur leur chemin. Je me fis, durant cette période de ma vie, une petite géographie à moi, n'ayant aucun point commun avec celle de Cortambert, une géographie composée de villages où revient souvent ma fantaisie errer parmi la paix des chaumières, à l'ombre des clochers, dans la senteur agreste des genêts. Ce topographique recueil n'est pas exempt de reconnaissances gastronomiques. Je n'ai jamais mangé de meilleurs perdreaux qu'aux environs de Cahors.

La gloire d'un véritable Eden domine ce petit monde de souvenirs. Une petite ville des Landes, Tartas, est demeurée pour moi l'image du Paradis terrestre, tout simplement. Je m'y vois encore, arrivant par la diligence du soir, et débarquant sur la place de l'Église dans un vague bruit d'orgue et de cantiques exhalé par le dernier jour du mois de Marie. Un gamin nu-pieds prit ma valise et me conduisit à l'auberge où l'on m'installa dans une chambre immense meublée en Louis XIII authentique. L'énervement du voyage sous le soleil fit bientôt place à un apaisement délicieux de l'esprit dans ce décor plein du calme des siècles révolus, où des ombres discrètes et sympathiques semblaient descendre avec la nuit. Je me gardai bien d'allumer une lumière pour dissiper cette rêverie posthume où je me plongeais. Un air presque frais battait doucement dans un rideau avec un bruit rythmique d'ailes de phalène. L'âme des derniers lilas y passait encore dans le parfum plus violent des roses. Renversé dans un immense fauteuil de tapisserie, je savourais une pipe exquise dont l'haleine rouge s'éteignait sous les cendres épaissies. Soudain, un grand clapotement d'eau et un brouhaha d'éclats de rire féminins et sonores me tira brusquement de ma méditation. J'allai à une façon de balcon qui prolongeait la pièce par delà une vaste baie vitrée. Le spectacle que je vis alors, je ne l'oublierai jamais, pas plus que si j'eusse vécu une heure dans la Bible ou dans l'Odyssée. L'Adour coulait au pied de cette fenêtre, et dans la rivière, où la lune plaquait de larges nappes d'argent azuré, des femmes, des jeunes filles et des enfants se baignaient dans le plus sommaire des costumes, celui qui consiste à n'en avoir aucun. L'épisode de Nausicaa, vous dis-je, dans cette solitude contemporaine que mon regard mesurait seul et seul violait. Sur les corps déjà luisants d'eau couraient des lumières blanches et comme satinées, s'accrochant aux pointes des seins raffermis, s'étalant aux saveurs des croupes fouettées. C'était superbe, inattendu, très chaste, à force d'être primitif et héroïque. J'y ai repensé devant le Bois sacré de Puvis de Chavannes. Ah! comme Diderot avait raison de dire : « L'indécent, ce n'est pas le nu, c'est le troussé. » Tout un monde antique se levait dans mon cerveau traversé par les musiques sacrées de Théocrite, d'Homère et de Virgile. Mon âme, encore tout imprégnée de la grande vie païenne vibrait dans le sens, non pas du désir vulgaire, mais des immortels besoins d'infini dans l'étreinte glorieuse de la matière ennoblie par la beauté !

O Tartas! Tartas! cette nuit-là, durant cette résurrection des saintes effronteries de l'innocence! Tartas! c'est là que je voudrais vivre avec vous, ma chère, dans le doux isolement à deux que nous rêvons souvent. Mais ce serait à la condition toutefois que, si les mœurs primitives y durent encore, vous ne vous mêleriez pas au chœur des jeunes personnes qui viennent montrer, au clair de la lune, et aux regards invisibles des délégués du gouvernement, l'ami Pierrot joufflu dont je vous prie instamment de garder la vue pour moi seul.

X

ARSÈNE HOUSSAYE

J'avais été convié à voir le beau buste que Mlle Amélie Colombier a fait de l'auteur du *Quarante et unième fauteuil,* buste étrangement vivant où se retrouvent la délicatesse d'une main féminine dans une exécution aux vigueurs presque viriles. Voilà bien le dernier jeune d'un temps qui fut vraiment la gloire des jeunes; le regard a la caresse des yeux qui ont beaucoup regardé les femmes avec amour; la bouche a l'ironie douce des lèvres qui ont beaucoup souri. Physionomie demeurée vraiment trop moderne pour avoir rien de patriarcal. Ah! comme celui-là confirme bien ce que je disais tout à l'heure! Allez donc demander aux hommes de vingt ans d'aujourd'hui la folie du Beau, les saintes colères de l'art au point où Arsène Houssaye les possède encore, et vous me direz de quel côté est la jeunesse!

Et parbleu ! je ne me gênerai pas pour dire tout le bien que je pense de ce vrai lettré, de ce fin poète qu'on s'est trop tôt lassé de louer comme on se lassait d'appeler Aristide juste. Houssaye tient une fort grande place dans la littérature de ce temps, et ses *Confessions*, son dernier livre, demeurent un des monuments les plus curieux que l'époque ait édifiés pour son histoire. Nous tous qui avons comme lui le culte des vers français, nous ne saurions oublier que le premier, dans l'*Artiste*, il se préoccupa de présenter au public nos sonnets et nos ballades dans le cadre luxueux qui sied à ce luxe de la pensée. Il fit, au demeurant, en France, la première revue illustrée présentant une véritable valeur typographique et décorative. Je trouverais aisément mille autres choses auxquelles son caprice a touché avec autant de bonheur. Car ce fut et c'est, avant tout, un fantaisiste, un poète.

Et puis, avec l'esprit très vif qu'il a et un don d'observation qui lui rendrait la satire facile, il n'a jamais daigné être méchant, ce qui est, pour moi, un grand signe de force. Je sais qu'aujourd'hui on ne trouve plaisants que ceux qui déchirent. Il est plus facile, cependant, d'avoir simplement des dents que des idées heureuses et d'ingénieux tours d'idées. Je tiens, en littérature, pour les pinsons qui babillent dans les feuillées, contre les chiens qui mordent les mollets des passants.

Oui, je l'aime beaucoup, ce sage d'une sagesse

douce, que rien n'étonne, qui est demeuré, comme un vrai païen qu'il est, fidèle au culte de la femme, cette Beauté vivante, sans laquelle il n'est pas d'autre beauté. Je ne sais pas d'autre causeur pareil dans un temps où l'on ne conte plus guère. Il a touché à tout, tout connu, serré les mains les plus illustres, vécu dans l'intimité des plus grands génies de ce temps, Victor Hugo, Théophile Gautier, George Sand, et, de toutes ces choses, de toutes ces amitiés, il parle avec une bonhomie charmante que traverse seulement, quelquefois, comme un vol de cygne, la mélancolie des souvenirs. Il professe le spiritualisme innocent de ceux qui atteignirent leur maturité intellectuelle pendant la première moitié de ce siècle, celle que dominait encore la grande ombre de Jean-Jacques, la foi ardente dans une immortalité vague, laquelle fut l'unique religion de Mme Sand.

Qu'un Dieu nous rejoigne, mon cher maître, dans les Olympes auxquels vous croyez! Nous ferons de belles promenades dans les Champs-Elyséens de là-bas, en devisant des rimes immortelles et du corps de Vénus rajeuni pour nos yeux. En attendant, m'est avis que vous avez bien fait — et je suis votre exemple — de vous attarder aux beautés fugitives de nos sœurs périssables dans la vallée de larmes qui commence au pied de l'obélisque et se prolonge sous les premiers ombrages du bois de Boulogne! Il est toujours prudent de prendre un acompte sur l'éternité.

En attendant, aussi, nous avons causé hier de la Comédie-Française. Je vous ai demandé ce que vous auriez fait si les destins vous avaient assis de nouveau sur le fauteuil directorial qu'occupait depuis le matin mon ami Jules Claretie. Et vous m'avez répondu : Ce que j'ai déjà fait autrefois.

— Mais la situation n'est pas la même. Vous aviez pris la maison de Molière dans un état absolu de délabrement et vous l'avez relevée, tandis que le nouvel élu est mis, au contraire, à la tête d'une affaire en pleine prospérité.

— Les choses se ressemblent plus que vous ne le croyez et cette prospérité n'était pas pour durer longtemps. Il y a, en réalité, autant à faire aujourd'hui qu'autrefois, parce que, maintenant comme en ce temps-là, on se trouve à la Comédie devant un répertoire épuisé. M. Perrin a été un homme habile, mais il n'a rien fait surgir de grand, rien révélé, fait naître au théâtre ni un vrai poète, ni un grand comédien. Il faut que le Théâtre-Français soit avant tout un théâtre d'art et de poésie. Ce n'est pas la place des médiocrités adroites et routinières qui, peut-être, évitent le défaut, mais ne rencontrent jamais la beauté. Une chute éclatante vaut mieux que ces pâles succès d'estime. Et qu'on ne me dise pas qu'ainsi dirigé le théâtre va à sa ruine. C'est en suivant ces principes que j'ai amené une prospérité matérielle inconnue jusque-là dans la maison, et fait meilleure la situation de tout le monde depuis le grand comédien jusqu'au machiniste.

— Mais la mise en scène d'à-présent a des exigences...

— Encore une plaisanterie. C'est moi qui ai commencé la mise en scène luxueuse et tenté les restaurations archaïques dont on a fait honneur si grand au directeur qui vient de disparaître. D'accord avec Roqueplan, je faisais concourir l'Opéra à certaines de mes représentations. L'*Ulysse*, de Ponsard, a coûté cinquante mille francs, ce qui était énorme dans ce temps-là, et a révélé le génie de Gounod. J'ai mis Musset à la scène, ce qui n'était pas déjà si simple étant donnés les errements de la maison.

— Et quelle était votre méthode de travail ?

— Un directeur de la Compagnie-Française doit, avant tout, ne pas paperasser. A quoi bon, si ce n'est perdre son temps ? Sa besogne, quand il n'est pas sur la scène, c'est d'étudier l'opinion, c'est de prouver aux auteurs dramatiques et aux comédiens qu'il y a encore des chefs-d'œuvre à faire et de beaux rôles à jouer. L'opinion venait tous les soirs dans mon cabinet en compagnie des comédiens et des auteurs dramatiques. Il est vrai que l'opinion littéraire se nommait en ce temps-là Victor-Hugo, le Comte d'Orsay, Romieu, Alfred de Musset, Augier, Ponsard, Saint-Victor, Dumas, Gozlan, Théophile Gautier, Beauvoir, Roqueplan, Méry, Delacroix, Diaz.

— Les peintres aussi ?

— Certainement. Et ce n'est pas ceux qui m'ont donné les plus mauvaises idées. Les gens du monde aussi, j'entends les rares gens qui s'intéressent encore aux choses de l'esprit.

— Mais où trouver maintenant ?...

— De tels hommes ? Non ! Mais croyez bien qu'il y a encore des hommes d'esprit et de goût, de vrais poètes et de grands artistes, des critiques ayant leur valeur et des peintres à qui le sentiment plastique ne fait pas défaut.

— On dit les comédiens d'à présent plus difficiles...

— Allons donc ! Les miens m'ont reçu avec un exploit d'huissier ! Ce fut le grand tort de mon successeur Empis d'avoir cru qu'on gouvernait une tempête en dirigeant le Théâtre Français. La discipline ! un mot ! Je n'en ai jamais eu besoin pour que mes comédiens jouent à l'heure annoncée. Il y a une chose qui vaut mieux que la discipline. C'est le point d'honneur, c'est le sentiment du devoir, et on est toujours sûr de les trouver dans les hôtes de la maison de Molière.

— Enfin, comment formuleriez-vous le devoir essentiel d'un administrateur de la Comédie-Française, tel que vous le comprenez, d'après une expérience qui fut un succès ?

— Oh ! bien simplement. Il s'agit de ne pas se préoccuper du goût du public et de tout faire pour lui imposer violemment le sien.

. . . .

Et puis, nous causâmes d'autre chose, de quelque actualité comme la Vénus de Milo ou l'Odyssée. Mais il m'a paru que ce bout de conversation avec un ancien administrateur de la Comédie, au moment où celle-ci entrait dans un règne nouveau, pourrait intéresser d'autres que moi. Voilà pourquoi je l'ai fidèlement transcrit. Plaisir d'égoïste peut-être; car je prends personnellement beaucoup de joie intérieure à parler de ceux que j'aime bien.

XI

JEANNE THILDA

Il existe deux portraits superbes de Jeanne Thilda... L'un, dessiné par Clésinger, peut être comparé, pour l'ampleur de l'aspect, au magnifique crayon que Couture a laissé de George Sand. Rien de plus fier que cette jeune et triomphante figure à laquelle, suivant l'admirable expression de Beaudelaire, ses cheveux semblent faire un « casque parfumé ». Bien qu'en noir sur blanc, il donne, tant il est vivant, l'impression des couleurs. On dirait, sous un ciel d'or, un rayonnement de neige que la bouche ensanglante et que les yeux percent de leur double azur, comme deux fleurs obstinées. La vie est là, dans son expression la plus noble et la plus sensuelle à la fois, dans sa splendeur la plus implacable et la plus troublante. Et pourtant ce portrait est celui d'une jeune fille de dix-sept ans ! Il est certainement à rapprocher du livre que son modèle écrivait quelques années à peine plus tard et dont le scepticisme natif épouvante et charme à la fois par sa profondeur divinatrice. J'ai nommé : *Le oui et le non des Femmes* que Calmann-Lévy vient de rééditer.

L'autre portrait est aussi d'un grand artiste, et d'un caractère très différent, bien que Thilda n'eût que trois ans de plus qu'à l'époque où Clésinger fit le premier. Au premier coup d'œil, cette tête de jeune femme coiffée presque en pensionnaire, et dont un large chapeau de paille coupe horizontalement le front de son ombre, est attirant par un charme presque mélancolique. Il faut le regarder de près et longtemps pour sentir la malice cachée du regard et l'ironie dissimulée des lèvres. C'est d'ailleurs la même pureté de traits, le même air de grande dame. Celui-là fait penser aux vers de Thilda, vers exquis, mais dont l'attendrissement n'est jamais de longue durée, et dont un sourire boit plus vite les larmes qu'un rayon de soleil les dernières perles de l'ondée !

Cette gaieté soudaine, cette moquerie charmante, cette jeunesse du regard et de la physionomie tout entière, elle n'en a rien perdu. Elle est demeurée ressemblante à ses deux portraits, blonde à faire envie aux moissons, avec des yeux pailletés de soleil comme la mer, l'air d'une reine, une taille ondoyante, et des bras dont la ligne eût mérité de s'immortaliser dans le Paros.

Elle a appelé ses petits poèmes : *Froufrous*. Et vraiment tout fait « froufrou » autour d'elle, quand elle marche, avec la soie traînante et triomphale de sa jupe.

Rien de banal dans aucune de ses impressions. Ses goûts, en toutes choses, sont inflexibles et arrêtés. Le blanc est sa couleur préférée. Mais comme la logique fait horreur à la femme, ce n'est pas le lys ouvert comme un calice d'argent, mais le mimosa à la neige d'ocre qui est sa fleur de prédilection. Elle est passionnée de Gounod en musique et de Delacroix en peinture. Victor Hugo et Banville sont ses poètes, Gustave Flaubert son prosateur. Son parfum favori est le Ylang-Ylang. Elle a aussi sa bête familière, qui n'est ni

Le chat prudent et doux, orgueil de la maison ;

ni le canari calomnié par les bohèmes, en haine des concierges qui leur avaient réclamé des termes en retard ; ni le chien dont la fidélité est souvent une fatigue pour son maître, mais le doux éléphant. Ecoutez plutôt ce rêve de reine ; de reine de Malaisie. Car Thilda a aussi une patrie d'adoption, au pied du mont Ophir, à l'ombre des mangliers en fleur :

> J'aurais un éléphant d'une énorme stature,
> Au pelage de neige, aux reflets de satin :
> Ce divin animal, mon unique monture,
>   Me mènerait chaque matin.
>
> Assise sur son dos, côtoyant les ravines,
> Nous irions lentement sous une ombrelle d'or ;
> Les prêtres, devant moi, porteraient mon trésor
>   Dans des coffres de pierres fines.

L'exiguïté des appartements parisiens ne permettant pas à Thilda le caprice de cette promenade, elle a prodigué, sur les cheminées et les étagères, l'image de son animal bien-aimé. Partout, entre les coupes de Saxe, les émaux cloisonnés, les statuettes curieuses, toutes les richesses bibelotières d'une Parisienne de goût, des éléphants de bronze balancent leurs oreilles en éventail, leur trompe quêteuse et leur petite queue ridicule. Ces pachydermes éhontés s'aventurent jusque sur l'immense piano où se réveille trop rarement, sous les doigts de la maîtresse de la maison, l'âme inquiète de Choppin ou la puissante mélancolie de Beethoven. C'est tout au plus si, entre une fantaisie de *Jeanne* pour *Gil Blas* et une chronique de *Thilda* pour la *France*, dont elle porte aujourd'hui seule l'étendard littéraire, elle se souvient, un instant, qu'elle a été une exécutante merveilleuse de la musique classique.

Aussi, est-ce ailleurs que je chercherai la musicienne dont e veux parler.

C'est dans ce volume charmant des *Froufrous*, que Lemerre éditait, il y a deux ans, avec son luxe accoutumé, et qui est demeuré sur un rayon choisi de la bibliothèque de tous les vrais lettrés. Car Thilda est avant tout un poète. A la délicatesse des pensées, à la justesse de l'image, elle joint ce sentiment du rythme et cette intuition des sonorités sans lesquels on ne fait pas de vers méritant ce nom. Son imagination, capable de toutes les indépendances, se courbe cependant devant cette règle matérielle, presque unique, de notre prosodie, et dont les impuissants seuls essayent de s'affranchir, qu'on appelle : la rime, — la rime dans sa rigueur harmonieuse. Mais on ne parle des poètes qu'en les citant. Je cite donc. Mais ne croyez pas au moins que le recueil tout entier soit dans cette note mélancolique :

DERNIÈRE VOLONTÉ

J'ai renfermé dans une coffret
Une humble fleur toute fanée,
Et, sur la serrure à secret,
J'ai gravé le mois et l'année.

Le myosotis est la fleur ;
Mais je l'ai tant et tant baisée,
Qu'elle en a perdu sa couleur,
Et que mon âme s'est brisée !

Quand je verrai la mort venir,
Qu'on ouvre le coffret de rose,
Et sur ma lèvre, à jamais close,
Qu'on mette le cher souvenir !

> Puis, quand je serai dans la bière,
> Clouée en l'éternel trépas,
> Plantez tout autour de ma pierre
> La fleur qui dit : N'oubliez pas !

N'est-ce pas que c'est pénétrant et exquis ? Un autre volume suivra bientôt celui-là et une indiscrétion m'a permis d'en citer une pièce aux lecteurs de *Jeanne*. La voici :

EN RECEVANT DES FLEURS

> Dans un sachet blanc je mettrai les roses
> Comme un souvenir de l'amour ailé.
> Dans mon cœur fermé je mettrai les choses
> Que vous me disiez au temps envolé.
>
> Ce bouquet charmant, c'est la douce chaîne
> Qui doit renouer les beaux jours brisés
> Et nous verrons, à la saison prochaine,
> Naître d'autres fleurs et d'autres baisers.
>
> Je m'en vais bien loin : j'emporte sans trêve
> La chimère exquise où se plaît mon cœur.
> Les roses aussi, fleurissant mon rêve,
> Me diront tout bas de croire au bonheur.

Qu'on me pardonne d'avoir, dans cette trop rapide étude, sacrifié l'écrivain en prose à l'écrivain en vers.

C'est une chose que je ferai toujours volontiers, estimant que ce qu'il y a eu de plus grand et de plus beau dans l'âme humaine a toujours revêtu cette forme du vers et y a cherché l'immortalité. Je l'ai dit d'ailleurs en commençant, ceci n'est qu'une simple esquisse, l'ébauche d'un portrait qui m'a tenté seulement. Car je ne suis, hélas ! ni Clésinger ni Gérôme. Si même j'avais été le premier, je ne me serais pas contenté d'un crayon et, le ciseau à la main, c'est au marbre que j'aurais confié cette séduisante image.

Je m'aperçois, en terminant, que j'ai oublié de dire que Thilda était une femme d'esprit. Il y a deux raisons pour cela. La première, c'est que tout le monde le sait, et la seconde, c'est qu'elle est plus qu'une femme d'esprit.

XII

THÉRÉSA

J'étais allé, un soir, à l'Alcazar d'hiver, dans l'intention délibérée d'assister pieusement, après tous mes contemporains, aux délicatesses chorégraphiques des compatriotes de Jeanne d'Arc (les femmes, comme les jours, se suivent et ne se ressemblent pas) qui s'appellent ingénument La Goulue et Grille d'Egout. Je n'ai aucun préjugé à l'endroit de cette danse nationale qui s'appelle le cancan. Je fus, en mon temps, un fervent des folles et curieuses filles qui se nommaient Rosalba, Camille, Voyageur, fantaisistes créatures dont le pied trouait au vol l'air enfumé de Valentino ou effleurait les verdures languissantes de Bullier, avec un élan désespéré d'oiseau captif qui voudrait monter aux étoiles. Elles avaient du talent, proclamerai-je encore,

> Et la grâce plus belle encor que la Beauté.

Voyageur surtout, qui eut l'esprit de mourir à vingt ans, entre deux quadrilles. On m'a dit que Rigolboche vivait encore. Au fait, pourquoi pas?

Les puritains reprochent à cette forme moderne de la pyrrhique d'être érotique en ses intentions. Je voudrais bien qu'on me montrât, depuis l'antiquité la plus reculée jusqu'à nos jours, une danse qui ne mérite ce glorieux reproche. Toutes, même celle du ventre, ont pour but de secouer les alanguissements du désir. Il n'est pas jusqu'à la valse, où les bras pudibonds de Werther entraînaient la taille alourdie de confitures de Charlotte, qui ne demande ce genre de service à son poétique vertige. Le bouvier allemand, dont Musset enviait la science en ce giratoire travail, sait bien à quoi s'en tenir et ce qu'il doit de postérité à son goût pour le tournoiement rythmique dont le génie de Johann Strauss a fouetté l'essor.

Et maintenant que j'ai plaidé pour moi et pour le cancan les circonstances atténuantes, je tirerai dévotement ma révérence aux demoiselles Grille d'Egout et La Goulue qui poursuivent, en conscience, une tradition illustrée longtemps avant leur naissance.

Allez donc vous laisser empoigner aux bagatelles de la porte quand Thérésa chante! Cette diablesse de femme, qui n'a jamais eu plus de talent, a une façon de vous prendre aux moelles rien qu'avec deux ou trois notes, qui en fait la plus prodigieuse artiste de ce temps. Et puis quelle logique dans cette carrière! Sa jeunesse exubérante a rempli d'échos tumultueux l'ombre enguirlandée de lumière des Champs-Elysées, et sa voix de bacchante y a jeté les refrains d'une lyrique gaieté. Puis son talent s'est progressivement attendri, et celle qui avait fait rire aux larmes a fait couler d'autres larmes que celles du rire. Une tragédienne émue s'est révélée dans l'éclatante diseuse de riens joyeux. Ah! comme je la comprends celle-là! Comme elle sent bien qu'il y a temps pour tout et que les imbéciles seuls s'étonnent qu'un même être ose tour à tour se montrer au public avec le masque de la mélancolie et avec celui de la joie. Masque! ceux-là justement sont les seuls qui n'en portent pas et nous montrent, dans l'art, quelque chose qui ressemble à la vie. Il faut la stupidité des habitudes pour ne croire qu'à la sincérité de ceux qui se font une tête immuable. Etre sincère, c'est rire et pleurer au vent changeant de ses propres pensées, puisque le Destin ne nous a faits ni pour les ivresses sans retour ni pour les douleurs immortelles. Mais il paraît qu'il faut une audace particulière pour proclamer, par sa propre conduite, cette vérité absolument banale. Un des plus grands ridicules de ce siècle est certainement d'avoir formé des catégories d'artistes, — poètes, écrivains, gens de théâtre — ayant, comme on dit sur la scène, un emploi. Voltaire a écrit d'austères tragédies et de grivoises chansons. Le conseiller Gueullette, dont l'œuvre est rendue au jour, était un jurisconsulte lumineux en même temps qu'un conteur de fariboles. C'est cette diversité dans le talent extrême qui me fait par-dessus tout admirer Thérésa.

*
* *

Et puis, vraiment, j'ai eu hier de la chance. Elle a dit, non, elle a chanté comme personne autre n'en serait capable cette vieille légende du soldat qui a tué son capitaine, et qui commence ainsi :

> Je me suis engagé
> Pour l'amour d'une belle.

Elle fait partie des découvertes de Gérard de Nerval dans le domaine de la légende française, qui a produit des chefs-d'œuvre comme *Jean Renaud*, moins mystique assurément que la légende allemande, mais imprégnée d'une sensibilité douloureuse infiniment plus touchante et plus humaine.

De tous les héros de cette légende qui eut des accents très particuliers dans la chanson du commencement de ce siècle, le conscrit est le plus fréquent ; j'entends le jeune soldat qui est parti un amour au cœur et qui se souvient de son amie dans la grande tuerie impériale. Béranger, qui fit une ode admirable d'un de ses courts poèmes rien qu'en lui donnant pour refrain ce vers digne de Pindare :

Dieu, mes enfants, vous donne un beau trépas!

Béranger fut fidèle à ce modeste paladin, à cette figure involontairement épique. Il y eut de vraies merveilles dans ce genre, témoin la lettre à la payse de Debraux, qui commence ainsi :

Rose, l'intention d' la présente
Est de t'informer d' ma santé.
L'armé française est triomphante
Et moi j'ai l' bras gauche emporté.
Nous avons eu d' fiers avantages,
La mitraill' m'a broyé les os.
Nous avons pris arm's et bagages.
Pour ma part, j'ai deux ball's dans l' dos!

Il faut convenir que cela est fort beau, d'une émotion irrésistible, et que de pareils chants, pour être écrits dans une langue peu châtiée, méritent cependant de ne pas mourir. Cela serait de très mauvais vers, mais cela n'a pas la prétention, surtout, d'être des vers. Les mauvais vers sont ceux des académiciens qui ont oublié de lire le petit traité de poésie de mon maître Théodore de Banville. Quant aux chansonniers qui se contentent d'évoquer, pour aider la mémoire populaire, de vagues assonances jumelles que les gens peu délicats confondent, seuls, avec les rimes, il leur est parfaitement loisible d'avoir du génie dans le langage musicalement rudimentaire et ils ont usé souvent de ce droit.

Le conscrit! Le soldat arraché au foyer par la loi inégale du hasard, l'enfant qui a eu un mauvais numéro dans la vie et sur qui pèse déjà une fatalité. Comme on sent bien, dans la légende populaire, la pitié profonde qu'il inspire et la révolte contre les arrêts ineptes du sort! Tous ne doivent-ils pas leur sang à la Patrie? Pourquoi d'autres demeurent-ils tranquilles sous le toit paternel? Tout l'esprit moderne se révèle là dans un besoin plus impérieux d'égalité même devant le péril, dans une réprobation plus profonde de la guerre. Il y a toute une philosophie dans ces chansons, et cette figure du petit soldat, emportant, sous la mitraille, l'image et le nom de la fiancée qu'il ne reverra plus, doit tout son relief, toute son émotion à la grande iniquité de la première moitié de ce siècle. Les vagissements de la pensée dans la musique des rues sont souvent le germe auguste des lois. C'est toujours par des refrains que les peuples ont préludé à leur délivrance.

Petit troupier que la Muse populaire a, tour à tour, exalté et gouaillé, fusilier Pitou ou fusilier

Bridet, dont les bas comiques des estaminets chantants essayeraient en vain de nous faire rire aujourd'hui, nous qui avons vu ta tunique trop longue crevée de balles prussiennes et suant ton sang, ton sang jeune et fraternel, tu demeures encore, petit, la seule image épique de ce temps qui ne les prodigue pas à notre admiration. Tu es le dernier fils des héros, mon bonhomme, quand même les caprices de la mode, que multiplie pour toi le noble amour des pots-de-vin, t'affublent tour à tour de képis trop hauts et de vestes ridicules. L'habit de l'honneur n'a pas de forme authentique, et peu importe sous quel grossier vêtement bat un cœur tout plein du dévouement à la Patrie !

Et comme Thérésa chantait cette vieille chanson, dont elle fait le drame le plus poignant que je sache, d'invisibles tambours me battaient aux oreilles; l'âme de Charlet et de Raffet m'emplissait d'un souffle de chauvinisme indicible, et leurs héros, à eux aussi, passaient sous mes yeux dans une poussière de bataille, évoqués par l'étrange génie de cette femme dont les derniers triomphes, — lointains encore, j'en suis sûr, — vaudront plus encore que les premiers !

XIII

ARMANDUS SILVESTRIS

Ce m'a été un vrai crève-cœur de n'avoir pu revenir à temps de Bruxelles pour assister à la représentation de *La clémence de Titus* sur le théâtre des marionnettes de Maurice Sand. Ce fut le premier ouvrage dramatique auquel je collaborai, et l'impression que me causèrent les fortunes diverses de ceux que je vis jouer plus tard sur d'autres scènes n'égala jamais ce souvenir. Quelle émotion que celle de cette soirée à Nohant! Nous avions travaillé fièvreusement durant trois jours. Tandis que Maurice resserrait l'action, je forgeais des alexandrins, et ces dames cousaient les costumes. Fadet, le bon chien qui s'intéressait à toutes les choses de la maison, semblait partager les préoccupations communes. On me disait amoureux, amoureux d'une délicieuse poupée pour qui j'avais demandé le principal rôle, la blonde Eloa, et Balandart — le directeur en bois de tout ce petit monde dramatique — Balandard inquiet pour sa pensionnaire et jaloux, me faisait une sale tête. On croyait plaisanter. On se trompait. Le nom d'Eloa revient encore quelquefois sur mes lèvres, quand je pense aux maîtresses d'antan. C'est une de celles dont j'ai le moins à me plaindre. Elle ne m'a pas donné moins de son cœur que beaucoup d'autres et j'en ai connu qui ne pensaient pas davantage. L'amour étant, avant tout, une idolâtrie, pourquoi aurais-je refusé un petit bout de culte à cette jolie image ? Est-ce encore toi, chère Eloa, qui, il y a quelques jours, as redit mes vers devant un public que je veux croire ému ? Alors, combien plus je regrette de n'avoir pas été là ! Car, au contraire de mes bonnes amies d'autrefois, qui sont devenues de respectables commères pour qui je ne me sens plus qu'un lointain respect, tu as conservé, j'en suis certain, la fleur exquise de ta jeunesse railleuse, tes élégances aurorales et le charme de ton sourire d'enfant. Tu m'aurais peut-être trouvé fort enlaidi, mais tu te serais certainement gardée de me le dire. Salut donc, une dernière fois, ô ma chimérique amoureuse, toi qui me rappelles le grand parc ombreux où je rêvais de toi et qui m'apparais dans la grande ombre de celle dont le nom seul met encore des larmes dans mes yeux!

Mon grand confrère, Louis Ulbach, vous l'a dit : Armandus Silvestris ! Ainsi fut proclamé mon nom comme celui d'un des auteurs de l'ouvrage applaudi. Ainsi eussé-je voulu me nommer vraiment. Ainsi l'eussé-je dû, si le caprice du destin ne jetait les hommes, au hasard, dans les époques, sans se soucier des anachronismes dont il torture les âmes délicates. Il y a longtemps que je sais que je ne suis pas de ce temps maussade, ni vous non plus, mon cher Maurice, vous qui avez évoqué, dans un admirable livre, l'esprit de Callirhoë et guidé, sous les murs de Rome, dans la poussière sanglante des victoires, les Gaulois enfiévrés de revanche, nos ancêtres aux cœurs plus virils que les nôtres. Nous sommes, vous et moi, les exilés du grand rêve antique, les proscrits des patries vaillantes qui ne s'agenouillaient pas dans la honte des défaites, mais criaient aux quatre vents du ciel leur deuil plein de menaces. Nous sommes surtout les bannis des âges glorieux où les lettres étaient vraiment honorées par de sages souverains, où florissait la pensée loin des troubles du forum, où les mesquines ambitions n'étouffaient pas la grande voix de la lyre, où les arts étaient véritablement tenus pour la vraie gloire de l'esprit humain.

Connaissez-vous ces beaux vers de Valery Vernier, que je transcris ici pour vous, au risque d'en estropier quelques-uns, mais l'auteur pardonnera à ma mémoire infidèle :

Je rêvais que j'étais Horace
Et que l'Empereur m'adorait ;
Que sur un grand cheval de Thrace
Je chevauchais dans la forêt.

Je rêvais que j'étais Virgile
Et que Marcellus expirait ;
Que je soupirais une idylle
Pendant que Livia pleurait.

Je rêvais que j'étais Ovide
Et que l'Empereur m'exilait ;
Que dans le palus Mæotide
Tout le sang de mon cœur coulait.

Moi j'ai souvent rêvé, mon ami, qu'un souffle de lauriers-roses me caressait le front dans les jardins de Tusculum, et j'y cause volontiers avec vous, vêtu comme moi du peplum ; et dans le soleil qui dore les treilles, avec la lumière dont est pleine la majesté du ciel, descend sur nous le regard de votre auguste mère. Car le génie est chose éternelle comme les astres, comme la clarté !

Je m'appelais Armandus Silvestris alors et j'étais bigrement plus heureux qu'aujourd'hui.

Oui, ce nom est bien le mien. Tout crie, en moi, la révolte d'être venu trop tard. Pauvre Eloa ! Je suis encore bien plus vieux que tu ne l'imagines, quand tu te souviens de moi. Je porte, dans mon sein, des siècles de colère et de rancune contre la destinée. Eloignez de mon chemin toutes ces gothons au nez retroussé, impudentes femelles de mes prétendus contemporains. A travers les mésalliances d'un sang qui s'appauvrit de jour en jour, je suis, du moins, demeuré fidèle au type impeccable de l'antique beauté et je n'ai pas prostitué mes soupirs à des pieds indignes d'être baisés nus. Celle que j'aime — et dont le nom seul a changé — porte sur son front étroit le sombre orgueil d'une chevelure pesante ; nulle vaine pitié ne sourit dans ses yeux calmes et brillants comme de larges pierreries, transparents et roulant les dernières poussières du Pactole dans leur profondeur troublante; son nez droit et dominateur avec une légère courbure à la naissance dit la race devant quoi tout cœur se sent esclave ; sa bouche a la courbure pourprée d'un arc d'où volent, éperdues et sanglantes, les flèches du dédain. Sa taille altière dresse vers l'azur la fermeté de deux collines de neige, et l'ampleur de ses hanches est comme un appel inassouvi aux désirs désespérés. L'éternelle fraternité de l'Amour et de la Mort s'affirme dans la douceur inexorable de sa personne, dans l'attrait à la fois attirant et impitoyable de son regard tout baigné de cruelles sérénités. C'est l'implacable Lycoris dont Gallus pleurait le départ:

Hic gelidi fontes, Hic mollia prata Lycori
. . . .
. . . . . Ah ! te ne frigora lædant!
Ah! tibi ne teneras glacies secet aspera plantas !

C'est Lesbia, la tant aimée de Catulle. C'est celle que les poètes, mes frères latins, ont chantée dans leur belle langue musicale et mesurée, aux rythmes savants et aux immortelles harmonies. Elle a beau vêtir les caprices de la mode, toujours éprise de coquetteries curieuses, ses habits se moulent tous, pour moi, suivant les plis de la tunique en laine blanche qu'une agrafe de saphir retenait à l'épaule, et la douceur des heures d'abandon me la rend dans l'auguste nudité des caresses, et pareille à Leda.

Fière à tenter un Dieu, blanche à tromper un cygne.

⁂

Armandus Silvestris! Vous n'avez fait, mon cher Maurice, que me restituer mon nom, près duquel j'eusse aimé voir le vôtre mieux que celui du vénérable Balandard. Quand vous voudrez me faire un grand plaisir, vous me permettrez, une fois encore, de faire dire des vers de moi par vos marionnettes. Je tâcherai de les faire meilleurs que pour de simples acteurs pleins de vanités bêtes et de ridicules professionnels. Vos petits artistes en bois ne se mêlent pas de politique. Ils constituent donc, dans la société actuelle, une société très supérieure à toutes les autres, y compris l'auguste compagnie dénommée Académie française et dont Alphonse Daudet a si bien refusé d'être. Ils se moquent absolument de toutes les bonnes gens qui croient nous gouverner parce qu'ils se sont alloué des traitements pour ça, et les subtilités des groupes les laissent absolument froids. Combien je vous envie de vivre au milieu d'eux! D'autant qu'ils vous garderont une reconnaissance aussi longue que leur propre durée de les avoir taillés dans de si bon bois et d'avoir pris des clous de choix pour leur faire des yeux doucement brillants où semble vivre une pensée. Les pères d'aujourd'hui ne prennent pas si grand mal après leur progéniture. Ils nous décochent dans les jambes un tas de petits magots rabougris et malsains qu'on dirait faits dans des fiacres. Ces précoces invalides de la génération, incapables de manier le marteau ou l'épée, deviennent de petits boursiers très voleurs, d'abjects tripoteurs, une vermine financière qui grouille autour des talons des honnêtes gens. Pouah!

Oui, mon ami. A défaut du monde antique où, seul, pourrait me ramener un caprice inespéré des métempsycoses, où je ne consentirais, d'ailleurs, à retourner qu'avec toi, ô sœur d'exil que j'ai pieusement recueillie pour t'adorer païennement, les coulisses de votre théâtre sont encore ce qui me tente le plus. Si je ne puis être vraiment Armandus Silvestris, gardez-moi, du moins, la succession de Balandard. Si je ne puis être Tibulle ou Ovide, élevez-moi, du moins, à la dignité de marionnette insensible! Mais ne laissez pas rester indéfiniment, dans la honte d'un âge sans idéal et sans vertu, perdu dans une foule d'orateurs en plein vent et de filous que j'exècre, l'infortuné et lamentable : Armandus Silvestris.

XIII

LE CAFÉ GUERBOIS

Le café Guerbois, qui mérite assurément une mention parmi les cafés littéraires, est à l'entrée de l'avenue de Clichy, côte à côte avec le légendaire restaurant du Père Lathuille. Je sais peu d'endroits où la circulation soit aussi active; à certaines heures, celles qui sonnent l'allée au travail et le retour. Car c'est un monde laborieux qui habite les environs, un petit monde « gaignant cahin caha sa paôvre et chétive vie », comme disait Rabelais. Par les beaux soirs d'été, au moment même où le jour tombe, c'est, le samedi surtout, comme une kermesse de gens que grise déjà le repos prévu du dimanche. D'admirables filles en cheveux — car les filles de Montmartre sont, par je ne sais quelle parenté lointaine, sœurs des filles d'Athènes — passent en théories joyeuses, de larges rires et des fleurs mourantes aux lèvres. Tous les peintres du quartier connaissent ce spectacle et viennent choisir là des modèles. La vertu y est beaucoup plus rare que la beauté. Mais la superbe allure, faite de majesté antique et de grâce parisienne tout à la fois, qu'ont ces passantes ! Et quel grouillement de voix fraîches qu'aigrit l'accent faubourien !

C'est là que, peu de temps après la guerre, m'attirèrent des voisinages matériels et intellectuels à la fois. Paris, haletant encore des dernières convulsions de la guerre civile, avait d'immenses besoins d'apaisement et d'oubli. Des fleurs déjà poussaient sur les ruines noires et montaient d'entre les pavés sanglants. Pas plus que les hommes, les masses ne sont faites pour les longues douleurs. On pensait bien un peu aux proscrits, mais la jeunesse, tout affolée de soleil et de printemps, avait repris ses droits. Les penseurs seuls se demandaient combien durerait l'ébranlement de cette secousse. Car sous ces surfaces rapidement calmées, comme celles des grands lacs après l'orage, bouillonne un fond obscur de rancunes et de colères et, dans de mystérieuses profondeurs, s'agitent les désirs fous de revanche et d'expiation. Que deviendrait la pensée qui est condamnée à vivre à travers ces courants ? L'art français et ses intérêts sacrés survivraient-ils longtemps à cette catastrophe ? Une inquiétude de tout cela était en nous, devant cette apparente indifférence d'une foule dont les révoltes avaient été trop hautes pour s'être si subitement apaisées.

Je veux tracer les physionomies inégalement célèbres des écrivains et des artistes que je rencontrai là et dont les idées se mêlèrent aux miennes dans de fraternelles expansions, depuis Émile Zola et Manet jusqu'à Duranty et Marcellin Desboutin, les deux premiers déjà chefs d'école, et les deux autres en quête de renommée, mais en possession déjà d'un très réel talent. Et Fantin Latour! Et Hippolyte Babou! et le pauvre Henri Vigneau, qui a laissé quelques pages dignes de lui survivre! Ce ne sera là que de rapides portraits, mais fidèles et n'ayant de prétention qu'à la sincérité.

Mais, avant de pénétrer sous la tente où les plus vives questions d'esthétique se mêlaient à des plaisanteries d'atelier, je vous veux présenter un poète trop oublié, bien que Charpentier en ait réuni les œuvres dans sa bibliothèque, et qui n'était, pour nous, qu'une ombre déjà se profilant, mélancolique, dans le groupe animé des promeneurs qui couvraient le trottoir. Parmi ces passants pleins de gaîté, un homme très maigre et d'aspect très pauvre, les yeux perdus sous des lunettes sombres, à la barbe inculte, poussait une petite voiture devant lui, dans laquelle geignait un enfant. Qui eût reconnu là un ancien écrivain de la *Revue des Deux-Mondes* dont le nom avait eu un instant d'éclat? O bohême, bien que mon maître, Théodore de Banville, t'ait chantée, tu es souvent une cruelle mère! Quand j'avais connu Henri Cantel au quartier Latin, à ma sortie de l'École Polytechnique, il avait publié déjà un volume de vers qui avait reçu, de tous les lettrés, un accueil sympathique. Il y avait, dans sa manière, du Ronsard et du Chénier, une grâce bien française et un beau sentiment de la perfection antique. Ce fut, avec Philothée O'Neddy, mon premier conseiller. Puis il était parti pour la Géorgie et je l'avais perdu de vue. Que lui a-t-il manqué pour se classer parmi les bons poètes du temps? Ce qui manqua à bien des hommes de cette génération, dont Murger fut le fidèle historiographe, et qui crurent, avec lui, qu'une chanson à Musette et la gaîté des misères supportées le rire aux lèvres étaient la vie. Le mépris de l'argent est une noble chose et nous ne la saurions trop louer, aujourd'hui que les artistes et les écrivains ont versé dans l'ornière opposée, âpres aux gains rapides comme des huissiers. Mais la dignité de la vie avait vraiment beaucoup à souffrir des indifférences superbes, à l'endroit du vil métal, qu'affichaient ces gais compagnons, dont une des gloires professionnelles était de ne pas payer leurs dettes. Il est plus malaisé maintenant de berner M. Dimanche qu'au temps de Molière. La pauvreté promena sa faux dans cette moisson de talents pourtant vivaces et bien issus du sol natal, comme les beaux blés que dore le soleil. Tous morts jeunes dans cette société de bons vivants vivant mal : Du Boys,

Charles Bataille, Amédée Rolland surtout, qui avait l'envergure d'un grand poète et qui a laissé un superbe volume où son nom demeurera attaché, comme à une épave le lambeau de vêtement d'un naufragé.

Je reviens à Henri Cantel qui, presque tous les soirs, passait ainsi devant nous, souriant tristement au pauvre petit dont je n'ose pas chercher à deviner le destin. J'ai dit que son livre contenait de fort belles pièces et je ne veux pas laisser mon dire sans preuve. J'y copie donc le sonnet du *Vieux Mendiant* qui est très beau :

> Un grand vieillard poudreux, par la route lassé,
> Soulève son sac vide et lourd pour sa faiblesse,
> S'aide de son bâton, l'ami de sa vieillesse,
> Et s'assied, tout tremblant, sur le bord d'un fossé.
>
> Sur son visage brun la vie avait laissé
> Un franc sourire empreint d'une douce tristesse :
> Libre, il avait mangé le pain de la paresse ;
> Il mourait plein de jours et content du passé.
>
> Il ignore les lois, l'amour, l'or et le monde,
> Et, sentant finir là sa marche vagabonde,
> Il jette ses gros sous aux pavés du chemin.
>
> Il se couche, le front tourné vers la lumière ;
> Il se parle tout bas, prie et clôt sa paupière,
> Et rend l'âme, serrant son bâton dans sa main !

Ce panthéiste avait des heures de mysticisme chrétien, comme Philotée O'Neddy lui-même, qui n'avait pu devenir athée, malgré une bonne volonté persistante. Malgré l'exemple glorieux de Lucrèce, il ne semble pas que la poésie puisse se passer des dieux. Les religions furent une forme visible de l'Idéal, ce qui les fit artistiquement fécondes. Il faudra une transformation du sens poétique, difficile à concevoir et à prévoir, pour que l'art puisse aborder les conceptions purement abstraites de la science moderne. En attendant, les rimeurs, les peintres et les sculpteurs vivent, ceux-ci dans le *Bois sacré* de Puvis de Chavannes ; ceux-là, de plus en plus rares, à l'ombre du crucifié de Jérusalem. Voici des vers d'Henri Cantel, écrits sur un feuillet de l'Évangile, et qui sont vraiment dignes de Musset par la vérité de l'émotion :

> Si vous ne souffrez pas, vous souffrirez un jour :
> Le malheur n'a jamais rien respecté, Madame,
> Ni les grâces du front, ni les grâces de l'âme,
> Ni le fruit d'or qui tremble à l'arbre de l'amour.
>
> Préparez-vous d'avance à ces luttes futures,
> Pour braver l'heure triste où tout tombe à la fois.
> Si vous souffrez, soyez fière de vos blessures
> Et posez votre tête à l'ombre de la croix.
>
> On se lasse d'aimer, on se fatigue à vivre.
> L'Évangile peut seul guérir les cœur troublés.
> Ouvrez pieusement ce livre, le seul livre !
> Ceux qui l'ont lu sont morts ou se sont consolés.

Le dernier vers est vraiment superbe. J'appris, il a y quelques années, la mort de leur auteur, qui s'en était allé sans même le petit cortège littéraire et le discours banal au bord de la fosse commune auxquels ont ordinairement droit ces vaincus de la vie qui ont trop longtemps rêvé. Le malheur de Henri Cantel, au point de vue de sa renommée, est d'avoir été contemporain du mouvement poétique très éclatant qui fut le Parnasse et mit subitement en lumière, sous le glorieux patronnage de Théodore de Banville et de Leconte de Lisle, de jeunes poètes qui sont devenus François Coppée, Sully-Prud'homme, Catulle Mendès, José-Marie de Hérédia, etc. Les écoles ont une force terrible : elles se nomment légion. Celle-ci avait d'ailleurs sa raison d'être dans un retour aux traditions des poètes de la Renaissance, à la richesse de la rime indispensable à la solidité du vers. Car les règles de notre prosodie française sont si pauvres que, faute de subir cette loi de la rime, on ne sait plus où le vers diffère de la prose. Notre code, comparé à celui des langues où le vers est constitué par une pondération de brèves et de longues, est un code absolument barbare. Nous en sommes restés, à ce point de vue, aux hymnes en mauvais latin qui font partie de la musique sacrée. Encore ces hymnes étaient-ils rimés avec infiniment de conscience, comme on pourra s'en apercevoir en examinant le *Dies iræ*. Mais c'est là une question de métier dont la place n'est pas ici. Henri Cantel n'entra pas dans le courant qui devait entraîner, avec soi, toutes les forces vivantes de la jeune poésie. La vigueur lui manqua, d'ailleurs, pour le remonter franchement. Aussi fut-il comme perdu dans cette révolution, comme noyé par le fleuve. Mais le temps répare les injustices du moment. Voyez plutôt la renommée de Lamartine sortir de la nuit où la tint longtemps enfermée l'ombre immense projetée par la gloire de Victor-Hugo. Car celui-ci fut comme un gigantesque mancenillier, mortel à tous les noms qui essayaient de croître à son pied. Je ne veux pas dire, certes, que celui de Henri Cantel comporte une restauration analogue. Mais ce fut un véritable poète par la pensée, souvent heureux dans l'expression, qui mérite un souvenir de tous les lettrés véritables et à qui je serais heureux d'avoir attiré, le premier, cette aumône posthume, cette tardive pitié d'un misérable destin.

J'ai dit qu'Emile Zola était de ceux qui fréquentaient le café Guerbois, avant que la fortune glorieusement conquise lui permît d'aller chercher, à Médan, une installation à la fois fastueuse et favorable à ses habitudes de travail. L'auteur des *Rougon-Macquart* était encore, en ce temps-là, dans la période contestée, en pleine lutte; mais le sentiment de la victoire prochaine était visible dans la sérénité de son regard et dans la fermeté tranquille de ses propos. Il eût fallu être aveugle, comme le pauvre Cantel, pour ne pas sentir dans cet homme une force, rien qu'à le regarder. Zola est de ceux qui, physiquement parlant, ont le moins changé. Son visage s'est légèrement empâté cependant. Ce qui frappait en lui, et ce qui frappe encore, c'est la puissance patiente de pensée écrite sur son front, en même temps que le sens inquiet et fureteur dont son nez irrégulier et fin témoigne ; c'est la ligne volontaire de la bouche et je ne sais quoi de césarien dans le menton, que la barbe dissimule maintenant. C'est à cette époque, d'ailleurs, que Marcellin Desboutin, le plus grand graveur de ce siècle, en fit un petit portrait à la pointe sèche qui est un chef-d'œuvre, tout simplement. Zola y est tout entier, avec son expression réfléchie de recueillement sans idéal surhumain, tête d'ouvrier que le surnaturel ne tourmente guère, de travailleur robuste et sain que n'ont jamais distrait les billevesées sublimes de l'Infini. Ce n'est pas ici le lieu de juger un des écrivains les plus incontestables de ce temps, l'artiste prodigieux qui a trouvé tant de pages délicatement tendres dans *la Page d'amour* et de si lyriques accents dans les derniers chapitres de *Germinal*. Pouvait-on deviner déjà que Zola donnerait tout cela ? Non ! Mieux encore que *les Fautes de l'abbé Mouret*, *l'Assommoir* devait donner sa mesure. Mais il était impossible de n'en pas attendre quelque chose de fort, de voulu, de vaillamment révolté contre les conventions, de personnel et d'audacieux. Il parlait toujours avec le calme des gens sûrs d'eux-mêmes, d'une voix sans grand éclat, mais coupante et nette, formulant une pensée toujours claire dans une forme pittoresque sans être désordonnément imagée.

Ce n'est que des profils perdus que j'esquisse ici, de simples croquis où je ne cherche que l'impression vraie, c'est-à-dire la ressemblance. Je laisse à d'autres le soin de juger Manet comme peintre; son œuvre vaut bien que la critique s'en occupe encore. N'avons-nous pas vu, au Salon de cette année, un ancien pensionnaire de Rome, et non des moins remarqués, M. Besnard, trouver son chemin de Damas sur la route tracée par l'auteur de l'*Olympia*? Manet ne fut pas un chef d'école, — personne n'en n'avait moins que lui le tempérament, car je n'ai pas connu de nature plus exempte de solennité ; — mais, sans apprécier son influence, il est certain qu'elle fut considérable. Il fut un des premiers à éclaircir la palette française et à y ramener la lumière. Moins magistral, moins intense, et surtout d'un goût moins sûr que Baudelaire, il affirma, cependant, en peinture, comme celui-ci en poésie, un sens de la modernité, qui pouvait être dans les aspirations générales, mais qui ne s'était pas fait encore jour. Même horreur de la mythologie et de la légende antique. Même recherche de l'énergie au détriment même de la correction. On a beaucoup jeté Velasquez à la tête de Manet. Ceux qui se livraient à cet exercice de force montraient ainsi qu'ils connaissaient peu Velasquez et peu Manet. Le *Toréador mort* est une merveille, mais non le tableau le plus caractéristique du talent de ce dernier. Ceux qui aiment sa vraie manière et son esprit les doivent chercher dans les scènes de la vie parisienne et dans les natures mortes. J'en sais qui sont comparables aux plus magnifiques Chardin.

Ce révolutionnaire — le mot n'est pas trop fort — avait les façons d'un gentleman accompli. Avec des pantalons volontiers voyants, de courts vestons, un chapeau à bords plats posé sur le derrière de la tête, toujours irréprochablement ganté de Suède, Manet n'avait rien d'un bohème et n'était bohème en rien. C'était une façon de dandy. Blond, avec une barbe rare et menue qui s'effilait en pointe double, il avait dans la vivacité extraordinaire des yeux — de petits yeux gris pâle et très constellés, — dans l'expression de la bouche moqueuse, — une bouche aux lèvres minces avec des dents irrégulières et inégales, — une forte dose de gaminerie parisienne. Très généreux et très bon, il était volontiers ironique dans le discours et souvent cruel. Il avait le mot à l'emporte-pièce, coupant et déchiquetant d'un coup. Mais quel bonheur dans l'expression, et souvent quelle justesse dans l'idée ! Il en est un dont je me souviens et qui ne serait déplacé ni dans La Rochefoucauld ni dans Rivarol. Paul Baudry venait d'exposer, à l'École des beaux-arts, les cartons de ses grandes figures pour la décoration de l'Opéra. Je vous prie de croire qu'elles étaient rudement discutées dans le petit cénacle du café Guerbois. On était d'accord sur le manque de personnalité, — comme si ce n'en était pas une déjà d'avoir été droit aux beaux modèles, — on signalait des morceaux entiers et des mouvements empruntés à des figures célèbres. C'était une vraie curée où les méchants propos s'acharnaient. Seul, Manet ne disait rien; mais personne ne prenait son silence pour une admiration contenue. Il attendait, voilà tout. Or, chacun, après avoir passionnément critiqué, se croyait obligé de dire, par forme de conclusion : C'est égal, il faut être déjà joliment fort pour en faire autant !

— On est toujours assez fort, dit Manet, pour rester au-dessous de sa tâche.

Avouez que cela est tout à la fois naïf et profond.

Pauvre Manet ! Il devait partir un des premiers, laissant, chez tous ceux qui l'ont approché, une mémoire absolument sympathique. Plus loin, je parlerai encore de lui, à propos d'une anecdote où nous jouâmes le même rôle. On eût pu deviner, dès ce temps, où il semblait alerte, à la nervosité de ses mouvements, qu'un mal, héréditaire dans sa famille, le prendrait un jour. L'ataxie le cloua dans sa maison d'abord, puis dans son atelier, puis dans son lit. Ce que cet être si violemment actif dut souffrir ! Il était le plus curieux du monde, accoudé à une table, lançant avec une voix où dominait l'accent de Montmartre, voisin de celui de Belleville, ses propos gouailleurs; oui, curieux et inoubliable avec ses gants irréprochables et son chapeau écrasant, sur la nuque, le frisottement éclairci de ses cheveux.

Oui, certes, il était bon, accueillant et sûr en amitié. Il fut un des premiers et des plus ardents à encourager un grand artiste dont je voudrais laisser un portrait aussi vivant que celui qu'en fit Manet lui-même. Marcellin Desboutin, le peintre et le graveur, est une des figures contemporaines les plus saillantes que je connaisse, et, comme je la crois destinée à une gloire posthume, je m'y complairai sans remords. Elle est, d'ailleurs, d'un bel et réconfortant exemple à citer en ce temps-ci.

Mes amis Sully-Prudhomme et George Lafenestre m'avaient souvent parlé d'un Français qui possédait à Florence un admirable palais et y exerçait une hospitalité quasi-princière. Ils avaient été ses hôtes l'un et l'autre, et habitants de cet *Ombrellino*, qui était demeuré dans leur esprit comme un séjour de féerie. Ils vantaient, d'ailleurs, tous deux, la grande nature artistique de celui qui les avait accueillis, autant que ses façons de gentilhomme. Quelques mois avant la guerre, ils m'annonçaient que leur ami avait un drame reçu à la Comédie-Française, et, en effet, *Maurice de Saxe* y fut joué, avec un succès assez vif même, accolant sur l'affiche les deux noms si disparates de Jules Amigues et de Marcellin Desboutin. Je ne vis pas la pièce, mais je l'ai lue depuis, et elle n'est certainement pas sans mérite.

Or, dans le groupe de littérateurs et de peintres où je vous conduis, — l'effarement des dernières défaites poussant les sympathies et les pressant les unes contre les autres, comme les moutons après l'orage, — un homme me frappa tout d'abord par l'étrangeté sympathique de son aspect. Grand, mince, une véritable toison noire foisonnant au-dessus d'un front large et tourmenté; des yeux comparables à des charbons mal éteints, tant ils étaient noirs et chaudement éclairés à la fois; une bouche très irrégulière, mais très expressive, et une barbe d'adolescent qu'il tortillait toujours entre ses doigts, des doigts effilés et intelligents, éloquents et adroits tout ensemble. Un mauvais chapeau coiffait sa tête, semblant soulevé par cette crinière moutonnante; il portait d'assez méchants habits, avec une cravate blanche largement nouée au cou, et les manchettes d'une chemise non empesée cachant, avec un effilochement de dentelle, ses mains de marquis. Car sous cet accoutrement, qui ne sentait pas la richesse, l'homme sentait à plein nez son gentilhomme, et Don César de Bazan, — pas celui que Coquelin nous a montré, mais le vrai qui a gardé la race, — ne portait pas autrement sa défroque dépenaillée. J'ai oublié une petite pipe, bien noire et culottée jusqu'aux bords, qui ne quittait pas la bouche et haletait sans relâche aux lèvres avec de gros envolements de fumée. Mais que je me mets là en frais inutiles! Allez voir, avenue de l'Opéra, le magnifique portrait à la pointe sèche que Desboutin a fait de lui-même, un portrait grandeur nature, ce que l'art français a peut-être produit de plus merveilleux dans la gravure à l'eau-forte.

C'est en présence du fastueux propriétaire de l'*Ombrellino* que je me trouvais, en effet. *Quantum mutatus ab illo !* Moi qui me le représentais dans un superbe pourpoint de velours et chaussé de broderies d'or ! Mais non ! je vous dis que ce diable d'homme,

> Plus délabré qu'un Job et plus fier qu'un Bragance,

avait gardé si grand air, qu'on lui voyait sur les épaules d'imaginaires manteaux de pourpre vénitienne. L'*omnia mecum porto* du poète était fait pour lui. Il était la splendeur intérieure de ses superbes habits absents. Car tout s'était évanoui dans cette fortune pittoresque, et, à force de bien recevoir ceux qui l'y venaient visiter, cet hôte étonnant avait fini par ne plus avoir de quoi se traiter soi-même. Donc il avait quitté l'Italie et était venu demander à Paris le rajeunissement d'une pensée que les événements rejetaient dans la lutte. Pour les esprits bien trempés, pour les natures vraiment vigoureuses, Paris a, en effet, des excitations généreuses et fécondes. Mais quel beau spectacle nous gardait ce bon riche, et quel philosophe allait se révéler à nous dans ce légendaire châtelain ! Desboutin avait fait de la peinture en Italie, mais sous l'impression des écoles, un peu en amateur, — bien que son *Homme à l'épée*, longtemps exposé chez

Durand Ruel, soit un morceau de valeur. — Il arrivait, il faut bien le dire, mal armé pour le combat dans une école jeune, intolérante, railleuse des traditions. Eh bien ! Desboutin s'y fit tout de suite une place, et parmi les plus jeunes, lui dont la formidable chevelure était déjà traversée de fils d'argent, lui qui laissait par derrière une existence déjà pleine et toutes les habitudes antérieures d'un esprit inexorablement studieux !

Mais, comme pour Manet, c'est l'homme bien plus que le peintre que je veux montrer. Je veux dire, avec toute mon admiration, de quelle sérénité cet artiste, épris des choses de la pensée seulement, regarda la pauvreté face à face, sans plus s'en émouvoir ou s'en étonner que s'ils avaient été de vieux compagnons dès l'enfance. Personne n'entendit jamais Desboutin faire même une allusion lointaine à ses anciennes splendeurs. Et pourtant rien ne devait moins ressembler à ses magnifiques bocages de l'*Ombrellino*, sous lesquels Sully-Prudhomme avait rêvé de beaux vers, que l'atelier de serrurier, tout en planches disjointes et en vitrages crasseux, que l'exilé avait loué rue des Dames, à Batignolles, et qui lui servait à tous les usages de la vie. Ce fut un hasard seulement qui nous rappela, à Manet et à moi, et une fois seulement, que notre ami avait été un grand seigneur. Il nous pria, en effet, un jour, de l'accompagner chez un notaire pour y dresser l'acte de vente, devant témoins, d'une dernière parcelle de sa propriété, dont il se dépouillait pour éteindre ses dernières dettes. Un morceau de terrain valant 2 ou 300,000 francs. Le notaire était ahuri de voir un homme aussi romantiquement vêtu parler d'une telle somme avec une superbe qui frisait le dédain. Mais nous ne fûmes pas moins surpris que lui quand Desboutin nous apparut, sur cet acte authentique où il avait signé avant nous, pourvu d'une baronnie et d'un nom illustre dont il ne nous avait jamais parlé. Le malheureux tabellion se croyait de plus en plus dans une féerie, et les petits clercs ricanaient comme si cela n'eût été qu'une grande mystification. Quand on nous demanda nos professions, Manet, me dit à l'oreille : « N'avouons pas que nous sommes artistes, on ne prendrait plus rien au sérieux ! » Il se déclara donc : propriétaire aisé, et moi, pour ne pas demeurer en reste, je me dénonçai : rentier à son aise. Ayant repoussé d'un coup de pied son dernier lopin d'opulence, Desboutin sortit de l'étude avec une crânerie de matamore et fit au café Guerbois, en notre compagnie, une rentrée comparable à celle d'Agamemnon dans ses États.

Il y tenait déjà de petites assises, grand esthéticien qu'il était et causeur merveilleux. Quel don perdu en France que celui de la causerie! Zacharie Astruc, le sculpteur et l'aquarelliste dont je parlerai aussi, vous tenait aisément deux heures sous le charme d'une conversation toujours élevée. Ainsi Marcellin Desboutin. Je me rappelle que

Jean Béraud et moi oubliions souvent l'heure du rendez-vous pour l'écouter. Il arrivait à huit heures et demie et ne s'en allait guère avant onze, le plus souvent accompagné de son fils, un robuste enfant, crépu comme lui, qui courait entre les tables, jouant avec les chiens, se livrant aux mille passe-temps si bien décrits par Rabelais dans l'enfance de Gargantua. Moraliste précoce aussi ; car il n'avait pas huit ans que, son père étant entré avec lui dans un café de la place Pigalle, où des dames sur le retour (de celles qui n'ont pas eu l'esprit de mourir à Waterloo) jouaient un bézigue mélancolique : « Sortons, papa, fit-il, ces grues me dégoûtent. »

Mais à cette époque, Desboutin était entré déjà dans une période de splendeur relative. Il avait quitté son atelier de serrurier pour un hangar de carrossier, bien autrement confortable. Il n'était plus aux Batignolles, mais logeait à deux pas de la place Bréda, dans un quartier moins vertueux, mais plus dans les traditions du high-life. Il s'était, dès cette époque, révélé comme graveur. Après avoir fait de l'eau-forte comme tout le monde, il avait abordé l'art, beaucoup plus difficile, de la pointe sèche dans lequel le sillon dont le cuivre est creusé est tracé, dans sa profondeur, par le stylet même aussi indépendant, dans son esprit, que le crayon. De là bien plus de liberté et de charme, quelque chose de bien plus vivant et spontané, la grâce furtive et légère du dessin substituée à l'alourdissement des morsures chimiques. Desboutin commença, dès cette époque, une série de chefs-d'œuvre. Citons les portraits de Degas, de Zola, de Duranty... et surtout cette merveille dont j'ai parlé et où il s'est représenté lui-même. Hélas ! ce compagnon, que nous entourions de respect et de tendresse, eut un jour la nostalgie du soleil. Ne pouvant regagner l'Italie, il s'en fut à Nice, où il travaille, depuis sept ans, à la reproduction de cinq compositions de Fragonard inconnues à Paris. J'en ai vu des épreuves presque définitives, et j'affirme que c'est un des plus beaux monuments de la gravure en France.

Voilà un portrait plus longuement tracé que les autres. Mais, je le répète, je sais peu de physionomies plus intéressantes que celle-là, et puis, j'imagine que ces notes ne seront pas inutiles un jour à qui écrira l'histoire de l'art contemporain.

J'étais loin d'être un enfant encore quand une décision gracieuse de Napoléon III autorisa l'installation d'un Guignol considérable dans le Jardin des Tuileries. La mesure fut vivement commentée et blâmée par l'opposition du temps. Ces belles allées de marronniers, sous lesquelles il nous semble si simple, aujourd'hui, de voir quelquefois des kermesses foraines, devaient alors au voisinage du château impérial un caractère de solennité qui semblait inviolable à la bourgeoisie. M. Prudhomme est austère par tempérament dans toutes les choses qui ne touchent pas à ses vices. Oui, ce fut un petit scandale. On parla tout bas du fils naturel d'un ministre puissant à qui on avait octroyé ce privilège pour l'indemniser d'une naissance irrégulière... Les seuls heureux de ce coup d'audace, ce furent les petits enfants et moi.

Je puis bien avouer, après Nodier, que j'adore les marionnettes. Ne les ai-je pas entendues, interprétant, à Nohant, la belle prose de George Sand, ce qui prouve qu'à l'occasion elles ne manquent pas de goût littéraire ? Ce dont il m'est plus pénible de convenir, à moi, dont on a récompensé solennellement les loyaux services administratifs, c'est que je passais au Guignol des Tuileries une bonne partie du temps que je devais au ministère des finances, qui n'en était alors qu'à deux pas : la rue de Rivoli à traverser, trois marches, une avenue à franchir et, toutes paperasses oubliées au bureau, je goûtais aux joies autrement incisives du théâtre. Car c'était un vrai théâtre, et ces délicieuses poupées jouaient de véritables pièces, ayant pour acteurs ceux de la farce légendaire, mais étrangement rajeunis par les fantaisies d'une imagination tout à fait heureuse. Ce n'était plus seulement Polichinelle, sa femme, le commissaire et son chat; ils n'arrivaient qu'au dénouement, après mille ingénieuses péripéties, où d'autres personnages s'agitaient dans d'invraisemblables aventures. Je me rappelle un vrai chef-d'œuvre, ayant pour titre: *la Malle de Berlingue*. Je ne m'imaginais guère qu'un jour j'en dusse posséder le manuscrit. Mais n'anticipons pas sur les événements. J'étais plein d'une admiration vraie pour l'auteur de ces petites comédies, alors inconnu pour moi. J'y applaudissais comme un enragé, à faire émeute parmi tous les bambins, qui se tenaient droits comme de petits I en voyant un homme de mon âge partager leur enthousiasme.

J'ai fait, depuis, dix ans de feuilleton dans les galères du journalisme, ramant sur l'océan des banalités journalières, regardant invariablement, comme un matelot le soleil couchant, Hippolyte épouser Ernestine à la chute majestueuse du rideau. C'était assommant, et mes souvenirs aimables de théâtre sont tous, et exclusivement, à ce Guignol éphémère qui me donnait les joies piquantes de l'imprévu. Et puis, quelle différence!... Au lieu d'une salle où le gaz brûle les yeux, où les coudes et les genoux se gênent, où l'on respire malaisément dans la buée d'autres haleines humaines, le grand air, les souffles printaniers passant, harmonieux, dans les arbres, le décor exquis d'un des plus beaux paysages parisiens, les rayons de soleil promenant des poussières dorées dans les feuillages, la rumeur lointaine de la grande ville grondant, comme une mer, à un invisible horizon. Pas de musiciens étiques grattant mélancoliquement des cordes à boyaux et enfermés, comme des bêtes, sous des barrières de bois, mais les oiseaux du jardin faisant un orchestre joyeux dans les branches et exécutant d'amoureuses ouvertures avant que la pièce fût commencée. Et les spectateurs, donc! Non plus le monde blasé des premières, la lividité des gilets en cœur et la fausse blancheur des épaules saupoudrées de fard et de farines parfumées; mais le microcosme vaillant, exubérant, sensible à l'excès, applaudissant follement des bambins, ce fourmillement charmant de têtes blondes ou brunes, mais toutes chevelues et frisées; ces jolis yeux clairs de l'enfance, et si transparents qu'on y voit la pensée comme un ciel dans l'eau. C'est avec un plaisir infini que j'évoque cette vision déjà ancienne. Vertu, tu n'es qu'un nom peut-être, mais je ne saurais oublier le groupe charmant des jeunes mères aux charmes décents, voire l'allure des belles filles de campagne, celles-là colorées de teint et fraîches comme des fleurs, qui, songeant peut-être à quelque militaire absent, tenaient, rêveuses, des gamins sur leurs genoux, bonnets pittoresques de Bretonnes ou fichus endiablés de Bordelaises sur de vigoureuses chevelures aux reflets d'ébène ou aux reflets d'or... Parlez-moi d'un public comme celui-là, où Rubempré et Trublot eussent également rencontré la mystérieuse sœur de leur âme.

Cette belle institution ne dura pas assez longtemps. Ce vrai théâtre des jeunes ne me parut pas faire de meilleures affaires que le théâtre des vieux. Il semble, cependant, que des marionnettes doivent être des comédiens moins exigeants que Sarah Bernhardt, et j'en ai connu, chez Maurice Sand, qui étaient d'excellents pensionnaires. Le public ne manquait pas non plus. J'étais là tous les jours, et jamais je n'ai réclamé un billet de faveur, cette ruine des entreprises dramatiques. Je me demandais si l'impresario avait fait si rapidement fortune qu'il ait pu se retirer en si peu de temps, ou si le privilège avait été refusé à un successeur n'ayant pas la gloire d'être bâtard d'un homme bien placé. L'opposition, qui devenait puissante, sous l'Empire déclinant, avait-elle enfin eu gain de cause dans cette grave question de principe ? Toujours est-il que le Guignol disparut, et que je dus rentrer tristement à mon bureau, où m'attendaient de patients dossiers, qui ne me firent jamais oublier ni Polichinelle, ni sa femme, ni le commissaire, ni son chat, ni surtout cette *Malle de Berlingue*, qui me semblait être quelque chose comme le *Misanthrope* du Molière anonyme qui m'avait tant diverti et si bien châtié mes mœurs tout en riant, suivant la devise antique ; car je dois ajouter que tous ces petits ouvrages étaient d'une écœurante moralité.

C'est au café Guerbois, auquel je reviens par un chemin d'écolier, par le long chemin qui sépare la place de la Concorde du boulevard Clichy, c'est au café Guerbois, dis-je, que je devais enfin, et par un hasard véritable, rencontrer leur auteur. Je ne connaissais encore du romancier Duranty qu'un fort beau livre, d'ailleurs, et tout à fait intéressant : les *Malheurs d'Henriette Gérard*, et ce me fut une surprise qui redoubla mon admiration pour lui d'apprendre qu'il avait fait aussi *la Malle de Berlingue* et tous les chefs-d'œuvre naguère applaudis par moi sur la scène dont j'ai décrit tout à l'heure les splendeurs bucholiques et raffinées tout à la fois. *Ecce homo!* Une physionomie douce, triste, résignée et d'une incroyable finesse; le parler un peu lent, très bas, avec une sorte de petit accent anglais imperceptible. Rien qui dénotât la richesse, mais une exquise propreté et un air du meilleur ton. Au demeurant, une figure essentiellement sympathique et distinguée, avec une pointe d'amertume. Il logeait à peu de distance, dans un rez-de-chaussée, et y avait pour distraction principale la société d'un chat, d'un chien et d'une pie. Le chien et le chat étaient d'assez débonnaires personnes, mais la pie était une créature diabolique qui passait sa vie à tourmenter ses deux compagnons. Ce n'est pas le premier exemple que j'eus du caractère tyrannique de ces Reines-Margot de l'air. Charles Furne, l'éditeur, possédait aussi un de ces oiseaux qui faillit faire mourir un chenil magnifique tout entier par le plus cruel et le plus inconcevable des caprices. Ce méchant volatile apprenait préventivement la propreté à ses victimes, en réfrénant, à grands coups de son bec pointu, les plus légitimes et les plus naturels de leurs désirs. La meute entière succombait à la constipation. Je note ce fait au passage, parce qu'il ne me semble pas que le fait ait été signalé par les naturalistes. Et pourtant Toussenel était là, Toussenel, l'admirable observateur des bêtes.

Mais je reviens à Duranty et à l'impression vraiment affectueuse qu'il me fit. Que de désillusions on sentait dans sa gaieté toujours discrète ! Il était blond, avec la tête déjà très dégarnie, et avait des yeux bleus vifs et doux. Sa vie était comme écrite dans le rictus parfois douloureux de sa bouche. Il fumait une petite pipe en terre très courte qu'il laissait sans cesse éteindre, comme font d'ordinaire les causeurs qui sont des fumeurs médiocres. Je n'ai pas à le juger comme écrivain, mais à rappeler, qu'après les *Malheurs d'Henriette Gérard*, il publia à la bibliothèque Charpentier plusieurs autres romans qui furent très justement remarqués. Zola fit alors, dans une étude sur ses confrères du roman contemporain, un acte de justice en mettant très crânement à sa place cet ouvrier de la première œuvre dans l'école naturaliste. Ce fut, en effet, un observateur très fin que Duranty, et ayant de la modernité un sens très juste, sans préoccupation théorique, d'ailleurs, et sans prétention à la maîtrise. Il regardait volontiers autour de soi avec des yeux excellents et décrivait avec une conscience droite. Il connaissait fort bien l'âme humaine dans certains de ses replis les plus délicats. Mais, encore une fois, un autre, plus autorisé que moi, a dit ce qu'il convenait de dire de cet esprit délicat, n'ayant rien dans le procédé de ce qui plaît aux foules, mais d'une valeur incontestable et l'un des plus dignes d'estime de ce temps. Par sa vie retirée, Duranty avait peu de camarades, mais tous ceux qu'il avait étaient ses amis, et tous pleurèrent de vraies larmes en accompagnant sa dépouille de la maison Dubois au cimetière lointain qui s'appelle Cayenne, je crois, et où il repose encore. Moi, durant ce long chemin derrière le corbillard, je pensais à toutes les joyeuses bouffonneries du Guignol des Tuileries, dans lesquelles s'étaient envolées, avec le chant des oiseaux et l'odeur des marronniers fleuris, toute la jeunesse et toute la gaieté de cette âme qu'attendaient tant de désillusions et un si triste départ! Pauvre Duranty!

Parmi les silhouettes entrevues là, tous les soirs, à la lumière du gaz et dans le bruit des billes se choquant sur les billards, je veux citer encore le peintre Degaz, qui ne s'asseyait jamais longtemps, physionomie très parisienne et très originale, infiniment gouailleuse et spirituelle, celui qui, avec Manet, avait fait connaître à tous Marcellin Desboutin. La jeune école doit beaucoup à Degaz et l'ancienne admire, d'assez mauvaise humeur d'ailleurs, les incontestables qualités de dessin et de nature du peintre. Il a le privilège de n'être contesté par personne, pas même par les fervents de l'école de Rome. C'est un rénovateur en chambre que l'ironique modestie de ses allures, dans la vie, a sauvé des haines qui s'attachent aux bruyants.

Car la chose est triste à dire : mais, dans le monde des artistes, j'ai vu rarement des gens jaloux du talent des autres, mais bien du bruit qui se fait autour de ce talent. Il leur serait fort indifférent qu'il y eût un Raphaël ou un Michel-Ange parmi eux, à la condition qu'il fût parfaitement méconnu. Ce sentiment n'est pas précisément à l'honneur de la nature humaine. Un nez en l'air, fureteur, et comme je rêve le nez de Panurge, ce Degaz dont les trop rares œuvres seront furieusement disputées un jour.

Je ne sais pas de figure plus calme que celle de Fantin Latour, qui était aussi des nôtres : une grosse tête d'enfant et volontiers un silencieux. La gloire lui est tardivement venue, mais solide. Il semblait toujours se reposer de la tâche accomplie dans le jour. Grand, pâle un peu dégingandé, une extrême mobilité dans le regard, tel était alors l'impressionniste Renoir, un fort travailleur aussi et dans la gamme claire, dont la peinture ne ressemble certes pas à celle de Fantin Latour, mais en est cependant parente par la façon particulière de tisser les tons et de les mêler en fils menus comme une étoffe. Que j'ai vu de lui d'admirables pastels ! des morceaux de nu éclatants des clartés éblouissantes de la vie !

Je terminerai par un dernier portrait cette rapide galerie de consommateurs artistiques et littéraires. Jean-Béraud, qui n'avait pas alors beaucoup plus de vingt ans et qui sortait de l'atelier de Bonnat, était un des fidèles. Grand, très brun, avec des cheveux presque crépus, très maigre alors, mais d'une maigreur robuste, il était l'exubérance même, avec une verve intarissable vraiment. Son atelier, le premier qu'il ait occupé, était rue Coustou, et quel atelier ! Des chevalets pour tous meubles. On s'asseyait sur la table à modèles et sur des boîtes à couleurs. Mais ce qu'on y riait et ce qu'on y mangeait de pommes de terre frites achetées au coin de la rue ! Il faisait alors des portraits grandeur nature, d'une touche presque brutale, mais où se trouvaient déjà, avec une aptitude singulière à traiter le morceau, les dons d'observation, de justesse et de modernité qui sont devenus la caractéristique de son talent. Il était la terreur du quartier qu'il emplissait de sa gaieté bruyante, bousculant les tranquilles clients qui buvaient sur le trottoir des estaminets ; entrant, le soir, comme la foudre chez les repasseuses pour éteindre leurs lampes, ruinant les industriels qui, là, sur le boulevard Clichy, invitaient les passants à des jeux d'adresse et de force, car telle était la vigueur de son bras qu'il ne manquait jamais de démantibuler leur gagne-pain. Il marchait, triomphant, à travers la colère comique de ses victimes, ayant généralement les rieurs de son côté. Il y avait vraiment du Cabrion dans ce grand diable, mais un Cabrion nouveau, à la dernière mode, et les souteneurs eux-mêmes, qu'il avait quelquefois caressés des poings au Moulin de la Galette, pendant les après-midi dominicales et dansantes, qui sont une des curiosités du Paris faubourien, s'écartaient respectueusement pour le laisser passer. Il avait le don de troubler, par des propos saugrenus, les conférences de Marcellin Desboutin, qui l'endurait tout de même. C'est dans cet atelier de la rue Coustou qu'il eut son premier succès au Salon, cette *Sortie du cimetière Montmartre* à laquelle je pensais tristement plus tard, en l'accompagnant, dans un décor tout pareil, celui-là même qu'il avait peint, derrière le cercueil de sa mère. Ce sont ces rapprochements étranges qui font quelquefois croire à la fatalité.

Ici finit cette petite étude. Desboutin fit grand tort au café Guerbois en changeant de domicile. Il emmena, place Pigale, à la *Nouvelle Athènes,* le petit nombre d'auditeurs parmi lesquels il était accoutumé de tenir ses assises. Manet, Degaz, Duranty, Zacharie Astruc prirent le même chemin; moi aussi, et pareillement Jean Béraud, que durent regretter les belles filles qui passaient à huit heures, dans l'avenue de Clichy, les cheveux au vent et une chanson à la bouche, le travail du jour étant achevé.

XIV

AGAR

D'où m'était venue l'idée d'un pèlerinage à la Sorbonne ? Mon Dieu, tout simplement des méchants bruits, pour les amateurs de latinité, mis en circulation par un des récents discours de M. le Ministre de l'instruction publique. L'avais-je lu ce discours ? Ah ! ma foi, non ! Je n'attache aucun intérêt à la littérature officielle. Mes confrères se plaignent souvent de l'indifférence que nos gouvernants professent pour notre prose et pour nos vers. Moi, je me ferais un scrupule de me joindre à eux dans ces doléances, car j'ai la certitude de professer un mépris bien plus grand encore pour les œuvres de nos gouvernants — j'entends pour ce qu'ils disent et écrivent. De quel droit exigerais-je qu'un grand-maître de l'Université connût par cœur mes volumes, quand je me refuse à lire une seule ligne de ses discours ? Nous sommes simplement quittes vis-à-vis l'un de l'autre, en nous ignorant mutuellement. Je me plais à croire que c'est lui qui y perd. Je vous jure que, les trois quarts du temps, je ne sais même pas le nom de la personne que le Parlement a chargée de présider aux destins des beaux-arts et à l'instruction publique. C'est Emile Zola qui m'a appris celui de M. Goblet. Ils restent, pour moi, attachés l'un à l'autre. (Ainsi Fréron serait oublié sans Voltaire.) Je n'ai pas besoin d'ajouter qu'un seul des deux me semble illustre. Non, je n'avais pas lu ce menaçant discours, mais seulement l'excellent article qu'il avait suggéré à Nestor, et qui était comme le glas mélancolique des anciennes humanités. C'est donc vrai que, dans vingt ans, personne ne connaîtra plus Virgile? Il faudra bien cependant admirer quelque chose et quelqu'un! Pas bêtes les littérateurs politiques d'aujourd'hui! Ils se disent: quand il n'y aura plus que nous, il faudra bien qu'on nous trouve du talent! Et soyez sûrs qu'après Virgile, ils condamneront Racine. Tout le siècle de Louis XIV est si glorieusement imprégné et nourri d'antiquité! L'étude de la littérature commencera aux discours de Maximilien de Robespierre, qui était un fichu orateur, cependant, même comparé à ceux dont nous jouissons. La subissons-nous assez cette plaisanterie de l'histoire ayant pour point de départ, dans l'ordre des temps, la Révolution!

Oui, ce fut mon culte impénitent pour tout ce qui tombe qui m'inspira le désir fou de revoir ce temple des vieilles études que j'avais eu cependant en horreur autrefois. Mais il ne faut pas me demander compte de mes palinodies. Il n'y a jamais eu pour moi que deux grands partis en présence dans l'humanité : celui des vainqueurs et celui des vaincus. Or, je tiens pour les vaincus, quels qu'ils soient. Tant pis pour mes amis de la veille s'ils triomphent aujourd'hui. Je les prends immédiatement dans un dégoût insurmontable. Dans le balai, je n'ai horreur que du manche. En écrivant le vers célèbre :

Et c'est être innocent que d'être malheureux,

La Fontaine est au-dessous de ma pensée. C'est être sublime et uniquement digne d'être aimé. Eh quoi! me dites-vous, n'y a-t-il donc pas de malheurs mérités? Peut-être, mais nous ne sommes pas des justiciers ici-bas. Et puis, avant d'être impitoyables à cette classe d'infortunés, demandons-nous combien de bonheurs sont vraiment venus aux plus dignes. Notre lâcheté devant la chance et le succès ne se peut faire pardonner que par une miséricorde désordonnée pour toutes les misères. J'aime encore mieux l'égoïste qui refuse nettement un sou à un pauvre que le farceur sinistre qui lui fait subir l'affront d'un interrogatoire et d'une bribe de morale. Mais que me voilà loin de mon sujet!

Ce n'est pas ma faute, cependant, si dans *Esther*, je ne m'intéresse absolument qu'à Vasti, l'épouse délaissée d'Assuérus. Je reprends ma promenade par-delà les ponts. Je dois être franc ; malgré mon désir de la trouver un monument admirable, la Sorbonne ne charma que médiocrement mes yeux. J'aurais voulu, depuis longtemps, un plus noble sanctuaire sculptural aux chefs-d'œuvres du passé grec et latin. Mal logées l'âme d'Horace et celle de Théocrite dans ce corps nouveau ! Quand cette carcasse de pierres noires n'abritera plus que l'esprit des professeurs de géodésie, peu me chaut qu'elle s'écroule ! Nous autres, les derniers fervents des lettres anciennes proscrites, nous leur bâtirons quelque temple plus riant, avec des portiques tout fleuris de lauriers-roses, et c'est Puvis de Chavannes qui y fera revivre l'image des glorieuses promeneuses du bois sacré !

A deux pas, la salle Gerson. J'y rencontre une source de souvenirs plus modernes. C'est là, qu'avant la guerre, la tragédienne Agar, dans tout l'éclat de son noble génie et de son éclatante beauté, avait entrepris de révéler au public les poètes de la pléiade nouvelle. Théodore de Banville, Leconte de Lisle, Baudelaire; puis, parmi les maîtres plus jeunes, Catulle Mendès, François Coppée,

José-Maria de Herédia trouvaient, en elle, une interprète à la fois savante et passionnée. C'était un service incontestable rendu aux belles-lettres et dont il ne me semble pas qu'on lui ait su suffisamment gré. Cette fidélité au grand art et à la langue immortelle du vers français valaient bien une autre situation que celle qui semble être encore la sienne dans la maison de Molière, laquelle est bien aussi, peut-être, celle de Corneille et de Victor Hugo. Le jeune comité et mon ami Jules Claretie, si sincèrement dévoués aux choses de l'art, répareront-ils cette longue injustice ? La mémoire légitime d'une carrière uniquement vouée à la plus haute forme de la pensée dramatique pèsera-t-elle autant qu'il convient dans la balance ? Je le voudrais, me rappelant tout ce que fit cette courageuse artiste pour défendre cette autre proscrite — comme la langue latine bientôt — qui s'appelle la tragédie, et à qui nous devons nos plus impérissables chefs-d'œuvre. Car elle fut, tour à tour, chacune de ces héroïnes immortelles dont le front est taillé pour le laurier, suivant la magnifique expression de Baudelaire. Nous faisions tous des vers pour mademoiselle Agar, dans ce temps-là, et je retrouve ce sonnet dans mes feuillets perdus :

> Hermione, Camille, Agrippine, Emilie,
> Evoquant, dans la nuit, ses héroïques sœurs,
> Sous leurs masques divins, savamment elle allie
> D'étranges cruautés à d'étranges douceurs.

Comme un cygne blessé par de lointains chasseurs,
Quelque flèche des cieux à jamais l'a pâlie,
Et c'est au « soleil noir de la mélancolie »
Que ses yeux fiers ont pris des rayons obsesseurs.

Ceux mêmes qui criaient, Rachel étant perdue :
« Tout est mort ! Dans sa gloire au tombeau descendue
La Vestale a brisé sa lampe sur le seuil ! »

Ont senti quelque esprit refleurir sur leur deuil,
Quand Agar nous rendit, sous leurs traits ennoblie,
Hermione, Camille, Agrippine, Emilie !

C'est qu'elle avait vraiment l'air de ces grandes immortelles, son beau front marmoréen perdu dans la nuit d'une chevelure léonine et jaillissante avec des révoltes superbes que son poids seul domptait, séparant, en larges ondes, ce sombre fleuve. L'âme antique vibrait dans les moindres détails de sa sculpturale beauté, de cette beauté faite d'une telle splendeur de traits que le temps n'y put mordre et la dut respecter tout entière.

Ah ! les vaincus ! les vaincus ! Ils ne sauront jamais de quel amour je les aime, rien que pour l'affront dont les poursuit l'indifférence ou la colère des foules. Ils sont toujours la protestation vivante contre cette force inerte, monstrueuse, qu'on voudrait substituer aujourd'hui à toutes les vertus, contre cet élément imbécile, stupidement oppressif qui s'appelle : le nombre, et qui finira par peser si rudement à l'esprit humain que celui-ci en demeurera écrasé, à moins qu'un Dieu inconnu lui donne des ailes pour s'enfuir vers quelque planète nouvelle où les sots ne seront pas les maîtres par la seule raison qu'ils sont beaucoup de sots !

XV

LES PIERROTS

Dans trois jours va fermer le seul théâtre de Paris où il se soit dépensé quelque gaieté depuis huit ans. Le fait vaut bien qu'on le note et qu'on le déplore. Cave si l'on veut, que cette salle de l'Athénée aux portes grandes ouvertes, mais cave où étaient demeurées les dernières bouteilles des crus joyeux qu'aimaient nos pères. Les vins qu'on y dégustait ne portaient pas les hautes marques des grands chimistes contemporains, mais ils étaient sincères, et je suis de ceux qui pensent qu'un verre d'Argenteuil franc ou de Suresnes authentique vaut mieux qu'un flacon de Saint-Emilion frelaté ou de Pomard sans raisin. On y buvait donc en trinquant du rire, et les méchantes gens seules s'en pouvaient indigner, le rire après boire étant signe de conscience tranquille et de digestion sans remords. Il ne m'appartient pas d'apprécier le genre qui y florissait, mais il m'est permis de faire remarquer que c'est celui qui fit jadis la fortune du Palais-Royal et celui auquel le public est resté le plus constamment fidèle. Il n'aime pas déjà tant que ça à s'embêter, le public ! Et puis, il croit encore à ce qu'on appelait naguère « l'esprit gaulois » et qui est devenu si rare aujourd'hui. Car il semble que nous nous vengions de l'Allemagne en lui prenant son humeur morose, sa science épaisse, sa lourde fantaisie, sa philosophie sans clarté, pour les deux plus belles provinces qu'elle a arrachées de notre soleil. Voilà, morbleu ! une belle compensation et bien faite pour satisfaire le patriotisme de nos politiciens du jour, lesquels sont les grands maîtres de l'ennui général et de l'insupportable solennité dont nous mourons ! Ah ! pauvre Montrouge ! Dernier exemplaire en deux volumes de la joyeuseté naturelle d'antan, vous avez grand tort de partir, car vous laisserez une grande place vide dans la bibliothèque parisienne, la place où l'on allait feuilleter, le soir, quand les enfants étaient couchés, une bonne page de Rabelais ou de Béroald de Verville, les bons conteurs d'autrefois ! Vous faites mal en agissant ainsi, méchants pierrots que vous êtes !

J'ai dit Pierrots ! C'est vers vous qu'allaient, en effet, comme vers leur nid, tous les moineaux francs de la littérature fantaisiste, troupe bohème qui se groupait autour de vous avec un grand bruissement d'ailes. Le banquet que vous aviez fondé et qui eut cent vingt représentations, comme vos moins bonnes pièces, mérite bien un mot de souvenir. Il avait devancé, de bien des années, cette mode d'agapes qui fait qu'aujourd'hui un homme de lettres à grand'peine dîne une fois par semaine chez lui et est inexorablement moissonné dans son printemps par les gastralgies. Il remontait au temps où les Folies-Marigny faisaient de l'argent, même quand un manteau de neige couvrait les Champs-Élysées, — au temps de ces comédies étonnantes qui s'appelaient : *En classe, Mesdemoiselles !* ou les *Virtuoses du Pavé.* J'en ai connu beaucoup de ces festins, mais pas un qui méritât aussi bien ces longues destinées. Car trouvez-moi donc aujourd'hui une institution qui ait duré dix-neuf ans ! C'est que là était le rendez-vous naturel de tous ceux qui pensent, comme moi, que la mélancolie est souvent mauvaise conseillère. Paul Legrand et Montrouge en avaient été les parrains. Pierrot avec Polichinelle ! Et quelle Colombine faisait alors cette Massé, dont les beaux cheveux eussent pu balayer les planches et dont le rire clair avait des sonorités de cristal ! Tous les vaudevillistes étaient accourus, Clairville en tête et Flan derrrière lui, écrivains sans prétentions, l'un et l'autre, mais capables de dépenser plus d'esprit en une demi-heure que vingt de nos romanciers à la mode en un an. Un fin lettré, le dieu de l'irrégularité mais aussi du Français de race, vint à la rescousse, et Charles Monselet s'assit souvent à cette table où ses discours étaient au moins aussi estimés que son appétit. Encore un qui ne croit pas qu'il soit nécessaire d'être ennuyeux pour bien écrire et qui invoque le nom de Voltaire à l'appui de son illusion.

C'est seulement après la guerre et au moment où la tentation me vint de composer pour l'Athénée une comédie conforme à mes aspirations, c'est-à-dire où l'on s'amusât franchement des cocus comme le faisaient nos pères, au lieu de les prendre au tragique comme il est de mode aujourd'hui, que je fus invité pour la première fois, à ce banquet, dont la grande salle de Gillet était le décor ordinaire. J'y rencontrai Burani, Coquelin cadet, les deux Régamey, un noyau de compagnons déjà aimés, et si mes occupations ne me permirent pas d'en être toujours un des fidèles, je n'y revins jamais sans un vif sentiment de plaisir et une grande impression de cordialité. Rien de gai comme cette table immense et couverte de fleurs. Au centre, d'un côté, Montrouge agitant un grelot comme M. le Président de la Chambre lui-même; de l'autre, Mme Montrouge percevant, dans un bol d'argent, les amendes encourues par ceux qui avaient dit des mots légers. Car apprenez que la grivoiserie de parole était obligatoire, mais non gratuite. Où s'en allaient ces menues monnaies tombées au milieu des éclats de rire? Vous l'avez deviné, je l'espère. Vers les pauvres. Vers les artistes malheureux, qui trouvaient dans cette cagnotte de la gauloiserie une source continuelle de secours. N'était-ce pas charmant? Le repas à peine fini, Montrouge, dont la solennité était la plus comique du monde, donnait la parole à un rapporteur nommé au banquet précédent et qui devait en rappeler les péripéties. Le rapport était quelquefois un poème, le plus souvent une chanson. Avec lui commençait une série de desserts littéraires qui n'étaient pas précisément toujours des sucreries. Le pauvre Félix Savard, qui fut une façon de Sardou des petits théâtres, excellait dans ce genre de pâtisseries pimentées. Toujours en noir et mis comme un notaire, c'était d'une voix désolée qu'il accouchait des plus inconcevables gaudrioles. On se mettait au piano ensuite. Et qui chantait, s'il vous plaît? Thérésa, les frères Lionnet, toute la jeune troupe de l'Opéra-Comique, Belhomme, Barnolt, Collin et *tutti quanti*. J'ai même ouï dire qu'on dansait, mais je n'ai jamais attendu cette heure périlleuse pour un homme qui n'a jamais pu apprendre les figures du quadrille et qui, d'ailleurs, est notablement moins svelte que Sarah Bernhardt.

Une chose exquise de ce dîner, c'est qu'on y avait horreur des névrosés et des malsains. Je vous réponds que si le poète Anemoros y était venu psalmodier des mélancolies macabres, on lui eût franchement ri au nez. Au moins Trissotin n'avait-il pas de guitare sur lui. Maintenant dire que le recueil des chansons débitées aux Pierrots pourrait remplacer un dictionnaire de rimes, composé par Théodore de Banville, serait une exagération manifeste. Mais il est des moments où je trouve, comme Alceste, que le vieux refrain :

J'aime mieux ma mie, ô gué !
J'aime mieux ma mie !

vaut mieux que certains sonnets. Il y avait là de jolies femmes, toutes appartenant ou ayant appartenu au théâtre, Mlle Bade en tête, qui, comme l'enfant prodigue, revint toujours au foyer... de ses premiers succès, sans que les applaudissements l'aient pu retenir ailleurs, et ce n'est pas par les magistrales beautés d'un pantoum qu'on se concilie le cœur des belles. C'est seulement dans une autre planète que nous autres, pasteurs de rythmes raffinés, pouvons espérer voir un de nos mélodiques cadeaux préféré aux joyeux devis, voire même aux rivières de diamants. Mais là on ne vous demandait, à qui voulait plaire, que de la belle humeur et de la bonne volonté, ce qui est bien, après tout, ce qu'il y a de meilleur au monde. Et c'est justement parce que ces deux charmantes choses-là n'étaient plus appréciées à leur juste valeur qu'à ce banquet, que je donne un sérieux regret à cette institution bonne-enfant, improvisée jadis par deux hommes d'esprit et par une femme de cœur. Donner en riant et en chantant, voilà, certes, un aimable programme ! Les deux fiers comédiens qui se retirent, — pour peu de temps, j'en suis convaincu, car on n'échappe pas à sa destinée et la leur est d'amuser, encore longtemps, leurs contemporains — se souviendront un jour qu'une bonne action était derrière leur succès, et, comme ils sont fatalistes l'un et l'autre, vous verrez qu'en même temps qu'ils ramèneront la vogue sur une nouvelle scène, ils ressusciteront le dîner des Pierrots, où l'aumône tombait au choc des verres et au vol des chansons !

LES VILLES LOINTAINES

I

A TOULOUSE

I

LES VIOLETTES

A B. Marcel.

Deux yeux noirs sur un masque basané qu'une chevelure en broussaille surmonte à la façon des touffes qui jaillissent d'entre les pierres, quelque chose d'hirsute, de cruel et de suppliant à la fois. Un sang gitane court certainement sous cette peau ambrée, le sang vagabond des sorcières et des hôtesses du grand chemin. Les jambes sont droites et sans indication de mollets, des jambes de bêtes faites pour les longues fuites. Les pieds nus et malpropres se posent sur les cailloux aigus avec autant de confiance que sur les moelleux tapis dont la boue à demi-sèche borde la chaussée. Pas frileuse, la gamine ; car sa chemise de grosse toile flotte ouverte sur le néant de sa gorge adolescente, et son jupon déchiré de laine noire ne lui descend guère plus bas que les genoux. Avec un accent traînant, plus espagnol que gascon, elle vous harcèle de ses offres. Elle vend des violettes.

N'en déplaise à Nice, à qui la gloire de son exposition devrait suffire, les violettes toulousaines, moins connues des herboristes parisiens, ne sont pas d'un moins beau ton, d'un parfum moins subtil et d'une chair moins pulpeuse. C'est le même grand air aristocratique de violettes doubles se contournant en replis soyeux comme un ruban et dont le cœur disparaît dans cet enchevêtrement savoureux à l'œil, doubles, triples, quadruples, que sais-je ! Larges et touffues, elles font pencher jusqu'à terre leur longue tige droite, et cinquante suffisent à faire un bouquet. On ne les conçoit que dans un cornet de cristal surmontant une fine monture de bronze doré ou, encore, entre de longs doigts gantés de suède, ou piquant d'une note gaie l'ombre d'un corsage de velours. Elles sont la strophe tendre et ensoleillée d'un poème d'élégance, et c'est pitié de les voir mourir, loin des oasiers amoureux, sur la misérable claie de bois que cette mendiante en haillons a posée sur son ventre.

Car elles sont belles à ravir, ces violettes toulousaines, les plus belles du monde. Et cependant, quand le souvenir me reprend, je leur préfère ces petites violettes simples dont sont pleins, en février, les bois de la banlieue parisienne, plus odorantes mille fois, celles que j'espérais cueillir à deux dans les promenades rêvées, celles qui s'ouvrent sur un rayonnement imperceptible d'or clair, celles qui s'ouvrent comme des yeux, comme les yeux transparents sombres et de couleur changeante qui m'avaient longtemps charmé!

II

LE FLEUVE ROUGE

La Garonne roule un flot de brique que coupe çà et là le toisonnement argenté d'un sillon d'écume. Elle passe, chargée d'ocre, fouettée par le vent, se brisant par places à son propre fond qu'une saillie de sable fait émerger. Elle passse sans répéter l'image du ciel dont l'azur tendre et presque violet semble lui-même, aussi, flotter, balancé par les souffles de l'éther. Elle passe sans rien redire à ses profondeurs du panorama des maisons et des paysages qui la bordent, silhouettes de temples dont les dômes dominent l'uniformité des quais, peupliers alignés comme des soldats le long de la prairie où les cavaliers manœuvrent quelquefois, où se dressent les cirques de planches pour les courses de taureaux. Elle semble indifférente à tout ce que traverse sa course, se heurte, brutale, à l'arche du pont Romain dont la poudre des mineurs a respecté l'indestructible ciment, creuse des remous furieux entre les arches de pierre brune du pont plus moderne dont le dos d'âne, cruel aux chevaux, se dresse comme un accent circonflexe sur le chemin du fleuve. Telle la volonté sanglante d'un conquérant que rien n'arrête.

Ne roule-t-elle pas encore, cette eau rouge et tumultueuse, la mémoire de ruines récentes. Saint-Cyprien, qu'avait balayé son flot, changeant le gai faubourg ensoleillé en un morceau d'épaves, est bien sorti de son tombeau de gravats, de poutres brisées et de décombres. Les hommes ne se souviennent pas longtemps. Mais la menace est toujours là qui gronde et les fatalités ne s'endorment jamais.

Voilà pourquoi la Garonne m'apparaît toujours redoutable et non pareille aux cours d'eau charmants, Seine ou Marne, dont nos rames ont si souvent battu les flancs bleus et complaisants à cette heure des rêves éveillés qu'enveloppe la brume matinale et qu'elle emportera au ciel en y remontant, pénétrée et dorée par les lumières envahissantes du soleil.

Mais c'est le soir surtout, quand elle semble teinte des dernières pourpres du couchant et ne trace plus qu'une bande sombre dans le décor citadin où l'ombre s'est épaissie, que cette onde m'épouvante, cette onde opaque où les étoiles ne descendent pas, où ne s'allume aucun mirage d'astres. Et, malgré moi, je pense aux cœurs désespérés dont les ténèbres ne sont plus traversées d'aucune espérance, vivants par le sang qui les traverse, morts parce qu'aucun rayon d'amour n'y pénètre plus.

III

JEUX ROMAINS

A la porte du large café transformé en arène, le populaire se hâte, populaire complet, populaire en paletots élégants et en blouses sordides, populaire coiffé de chapeaux à la mode et de bérets crasseux, populaire des deux sexes et où les belles filles entretenues ne manquent pas. Les loges où se délectent d'ordinaire les amateurs des romances et des refrains ineptes qui ne laissent pas ignorer au reste de la France la gloire des Liberts et des Paulus, les loges sont bondées, et, tout autour d'un tapis aux tons criards que soulève un lit de son, les hommes se pressent sur une triple rangée de fauteuils, agitant des cannes et des lorgnettes. Un grouillement indescriptible habite les combles de la salle d'où s'échangent des cochonneries criées dans un patois strident. Tout ce monde est venu pour la lutte, la lutte romaine, la lutte à main plate, la seule classique et estimée des personnes comme il faut.

Les champions sont venus saluer avant le combat, un à un, et leur surnom terrible a été jeté aux échos. Pas un qui ne soit un rempart, un lion, un tigre, quelque chose de formidable dans la physiologie humaine. Les plus modestes sont invincibles ou la terreur de quelque chose. Puis ils se rangent en ligne et disparaissent, sauf les deux qui commencent la série des combats. Tout ce cérémonial a l'air ridicule de loin. Eh bien ! je vous assure que cette apparition de beaux gaillards nus, olympiquement musclés, fiers de leur force comme les bêtes de proie, est comme un cri triomphant de la race déchue et révoltée dont les plus insensibles sont émus. C'est comme une apothéose des vigueurs anciennes, des virilités disparues et soudain ressuscitées, un défi glorieux jeté aux singes que nous sommes en train de redevenir.

Les torses superbes se sont noués dans une étreinte sous laquelle les chairs fument, une rosée de sueur argente les peaux qui deviennent soyeuses et miroitantes aux lumières. Des halètements désespérés passent dans l'air. Après s'être, à diverses, reprises, soulevés l'un l'autre, les deux combattants sont à terre, poursuivant la lutte en quadrupèdes agiles, se surprenant par de soudaines attaques, se dérobant par des bondissements de fauves. Le sang coule à leurs coudes écorchés et leurs genoux emportent le pollen coloré du tapis. Leurs ceintures pètent sous l'effort des reins se gonflant ou se cambrant. Nous sommes loin des simulacres d'assauts dont se contentent les gogos de la foire de Neuilly qui ne se sont pas encore aperçus qu'on leur joue une pièce aussi consciencieusement répétée que les *Pilules du Diable*. C'est que le public qui est là ne souffrirait pas la moindre entente préalable et devinerait la plus savante supercherie; *rara avis!* un public qui sait les règles de l'art qu'on applique devant lui. Souhaitons-le bien vite aux poètes !

Les deux épaules ont touché ! Une clameur, effroyable s'élève. Le vainqueur est rappelé et vient s'incliner. Mais la foule généreuse entend que le vaincu reparaisse aussi et lui fait le même accueil enthousiaste, s'il s'est vaillamment défendu. Raille qui voudra ce naïf spectacle ! Moi, tout ce qui évoque une glorieuse image ou le spectre du Beau aboli me transporte, et tout ce que j'ai de vieux sang latin flambe comme un tison qui se rallume devant ces stupides bâtards des héros !

IV

LE PERCHOIR

La nuit commence à venir, une de ces nuits de la fin de l'hiver qui descendent dans une buée d'argent fluide et dont le crépuscule est presque pareil à celui d'une aurore, enveloppant et blanc, plein et comme mouillé d'une mélancolie très douce. Les cafés regorgent de buveurs d'absinthe qui sont rentrés, frileux, et causent de choses indifférentes, à moins qu'ils ne jouent à la *manille*, jeu ibérien qui a pris à la lettre le mot de Louis XIV affirmant qu'il n'y avait plus de Pyrénées. Quelques filles attardées dans leur promenade jettent, en frôlant le trottoir, un regard oblique dans les estaminets où un amoureux pourrait prendre, en les apercevant, la fantaisie de leur offrir à dîner. Diplomatie généralement infructueuse. L'amour ici est, en général, pris comme digestif.

Cependant, tous les moineaux de la ville, qui en compte bien autant que d'âmes, se sont donné rendez-vous sur les arbres du square qui orne la place Lafayette. Ils s'y abattent par volées, tumultueux comme des émeutiers, avec des petits cris de dispute qui se mêlent dans un crépitement pareil au bruit d'une immense friture. Un innombrable froufrou d'ailes sert de base à cette débauche de petits instruments suraigus, à cette orgie de piaillements dans les branches. D'ordinaire, ce sont les arbres clairs, sans feuillage, à peine dessinés par un paraphe de lignes ténues comme ceux du divin Corot, qui servent de perchoir à cette foule de volatiles en quête d'un nocturne gîte. Ils y apparaissent comme des points noirs raffermissant çà et là le flou du dessin, scandant cette strophe végétale mal affermie, comme des mots sonores. Mais ce soir c'est le vent d'autan qui souffle, le terrible vent d'autan qui secoue comme des hochets les peupliers, les platanes, les bouleaux, et ne laisserait qu'une maison tremblante à tous ces affolés de repos.

Alors c'est dans un grand cyprès, un cyprès gigantesque et touffu, dont les colères du vent respectent la masse, que les oiseaux disparaissent tous, se glissant sous les palmes épaisses que garnit un double rang de flèches flexibles d'un vert sombre. Bientôt tout ce bruit s'éteint dans la solitude de ce gîte au funèbre aspect. Tant il est vrai que, pour les oiseaux du ciel comme pour nous, il n'est de paix inaccessible et de repos durable que sous l'arbre dont l'ombre silencieuse couvre les tombeaux!

V

LES BELLES FILLES

Ce sont de simples profils que je veux tracer au hasard de mes rares promenades, médaillons féminins n'ayant d'intérêt que pour quiconque met la femme au-dessus de toutes les choses de la vie, portraits à peine ébauchés de nos « Françaises de France », qui ne sont pas toutes celles que mon benoît maître, Théodore de Banville, a immortalisées sous le nom de « Parisiennes de Paris ». Cette série de figurines, qui n'aura pas peut-être de nouveau personnage avant longtemps, je la veux commencer par un type qui mérite vraiment une place d'honneur dans la géographie amoureuse du pays même de l'amour.

Une dentelle rouge et déchiquetée sur l'azur, telle apparaît, de loin, Toulouse avec ses toits plats, ses tons de brique, ses murs incendiés de soleil, ville de plaisir et ville d'Eglise, dormant paresseusement au bruit des mensonges de la Garonne, la plus italienne des villes de France, certainement. Non pas que son Capitole rappelle en rien, par son architecture, celui que les oies romaines ont sauvé, en vertu de l'ineffable pouvoir de la bêtise, mais parce que partout on y rencontre le religieux et la femme, celui-ci pensif maintenant devant le progrès de la Pensée moderne, celle-là toujours souriante dans l'éclat de sa grâce païenne où se lit la superstition aveugle qui permet à l'esprit le sommeil et laisse à la chair tous ses droits.

C'est cette physionomie très particulière de la Toulousaine que je vais tenter d'esquisser d'après nature, en ne cherchant pas ce qui fut historiquement la mode pour cette femme inexorablement antique, et après m'être contenté de saluer au passage le hennin triomphal de Clémence Isaure, la gente dame aux bandeaux plats, à la longue robe sans plis, qui tendait aux poètes de son temps des œillets, des amarantes et des soucis quelque peu fanés aujourd'hui.

Invariablement brune, la peau légèrement dorée comme par une poussière de soleil, mais prenant à l'ombre de superbes matités et d'adorables pâleurs; le profil conforme en tous points aux modèles de la sculpture latine, avec le menton un peu plus ramené en avant toutefois; la bouche un peu grande, mais s'ouvrant comme une grenade sur des dents étincelantes; les pieds et les mains petits et d'un beau dessin; voilà tout ce qu'il est permis à un peintre discret de signaler, mais un amant mal appris vous en dirait bien davantage. Je me contenterai d'ajouter que les hanches ont une inflexion d'amphore, que la démarche est imprégnée d'une grâce hautaine, et que la taille prouve sa souplesse en se cambrant volontiers.

VI

CARMEN

Ce n'est pas, d'ailleurs, dans le monde aristocratique qu'il faut chercher ces signes de race. Ville de noblesse et de magistrature, Toulouse est remplie de noms portés par des femmes au charme plus alangui, pareil à celui des fleurs de serre, et qui se retrouve partout où la sève n'a pas mordu dans des terres nouvelles et où le sang n'a pas voulu se rajeunir. Ce n'est pas moi qui médirai de cette artificielle beauté dont les élégances maladives sont faites pour ravir les délicats. Mais elle tient à un fait, non pas à un pays, à des mœurs spéciales et non pas à un ciel déterminé. J'y reviendrai tout à l'heure.

Vous rappelez-vous le beau poème de *Carmen* et les cigarières descendant, bruyantes, autour de l'implacable fille qui passe, une fleur de cassie aux lèvres, cherchant un cœur à meurtrir? Ce premier acte du chef-d'œuvre de Bizet se joue tous les jours à Toulouse, et même deux fois par jour. Non pas qu'un José y vende tous les jours son âme, mais le décor est bien fait cependant pour quelque drame d'amour sauvage et de tendresse éperdue. C'est à la sortie de la Manufacture des tabacs qu'un curieux peut le mieux voir, en effet, la fille du peuple à Toulouse dans l'épanouissement de sa beauté brutale et de sa gaieté cruelle. Ce bâtiment, qui n'a rien à envier, en mélancolie, à Mazas lui-même, est situé sur le bord de la Garonne, à deux pas du pont qui sépare la ville du faubourg Saint-Cyprien, célèbre par ses inondations. Un coup de cloche retentit, et c'est comme un fleuve de chansons sonores et d'éclats de rire impitoyables qui descend vers le fleuve comme pour le grossir. Le pont est bientôt envahi et c'est une fanfare vivante qui le traverse. Un madras jaune ou rouge roulé au sommet de la tête, le cou nu et visible par devant jusqu'à la naissance jumelle des seins, la jupe courte et laissant voir souvent mieux que la cheville, hélas! souvent sans chaussures, ces filles robustes portent avec une fierté indescriptible ces haillons, comme un avare qui cache son trésor sous des loques. Elles marchent rapidement, l'œil hardi, et souriant à qui les regarde, avec un air de confiance en elles-mêmes plutôt que de provocation. Une buée de lumière semble courir autour de ce troupeau humain. Au bout du pont, leurs pères et leurs amants les attendent, et là, sans doute, dans ce quartier d'aspect débonnaire, l'amour, la jalousie et la colère ont, comme partout, leurs extases et leurs grincements de dents. Mais tout cela se perd dans le bruit individuel des grandes villes, où les douleurs et les joies s'engloutissent, sans plus émouvoir que le bruit indifférent des roues qui s'éloignent dans un flot de poussière.

C'est le dimanche, et, dans les églises, pendant les processions, qu'il faut voir les idolâtres créatures qu'une toilette plus recherchée est loin de parer, mais qu'elles revêtent pourtant avec un charme hautain dans la physionomie; car la femme qui se croit belle en est souvent plus belle encore. Elles ne marchandent pas les génuflexions et les baisements de terre au cortège qui passe dans un nuage d'encens. Elles ont des attendrissements exquis pour le gamin dont une fausse barbe de Christ encadre la frimousse de gavroche et que suit un autre polisson portant sous le bras l'échelle et la croix symboliques ; — des tendresses à mourir de rire pour le petit saint Jean drapé dans une peau d'agneau, et des colères bien amusantes pour le vilain Pilate dont les mains, comme celles d'un barbier, soutiennent une cuvette. Je ne crois pas qu'il y ait, dans tout cela, l'expansion d'une piété bien profonde, mais un bon levain de paganisme que les spectacles religieux gonflent encore à l'occasion. En tout cas, c'est un fort joli tableau que celui de toutes ces belles filles agenouillées, mêlant leurs têtes brunes dans une même nuit que leurs regards faussement contrits traversent comme des étoiles. Un chuchotement confus de prières et de mots latins monte de ces groupes humiliés dans un pieux susurrement de lèvres rouges et sensuelles.

Ne croyez donc pas à une conversion sincère et ne pleurez pas sur tant de baisers perdus. Vous les retrouverez le soir, ces nonnains d'une heure, sous les grandes allées baignées des amoureuses effluves du couchant, coquettes, excitées, cruelles, toutes à Vénus, qui prête quelquefois la femme aux autres cultes que le sien, mais ne la leur abandonne jamais.

VII

LES DAMES DE LA RÉPARATION

J'ai dit que, dans ce qu'on appelle le monde, la Toulousaine ne présentait rien de vraiment original. Bourgeoise ou noble dame, elle suit la mode de Paris avec une soumission flatteuse pour les riveraines de la Seine, et tout est vraiment d'une correction navrante dans ses ajustements. Rien n'en est omis, pas même les grandes ombrelles rouges qui donnent aux voitures fuyant sur la promenade, jaune de lumière, l'aspect de grands coquelicots que le vent couche sur les blés. Dans un coin cependant de la ville, un seul, on retrouve, au point de vue du costume, un spectacle vraiment curieux, une note essentiellement personnelle. Je veux parler du couvent des dames dites *Réparatrices*, dont le souffle impitoyable des décrets a spirituellement épargné l'innocente inutilité, mais dont les offices maintenus méritent certainement une mention.

Imaginez la plus pauvre chapelle du monde, mais la plus féconde en terribles souvenirs, car l'Inquisition y tint ses assises autrefois; une petite salle aux murs blancs et qui précède un vestibule sombre sans caractère architectural. Vous n'avez pas entr'ouvert la porte rembourrée, qui retombera derrière vous avec un bruit d'essoufflement, qu'une phrase de Mozart ou de Haydn vous arrive à l'oreille, grêle et charmante, le plus souvent sous un rythme de menuet et avec des sonorités argentines de clavecin. Quelque marquise défunte, sans doute, et dont l'âme vient courir sur les touches pour rester comme un souffle de souvenir... Eh! eh! vous ne vous trompez pas de beaucoup. Quelques ombres, en effet, sont agenouillées dans la chapelle, immobiles sous ce vent harmonieux. Elles sont perdues dans de grands voiles, mais approchez et vous serez ravi par la beauté de leur costume qui est, de tous points, celui des sœurs de la Miséricorde, au temps où la pauvre La Vallière vint chercher parmi elles l'inutile oubli d'une si douce erreur. Je ne sais rien, en vérité, de plus somptueux et de plus royal que cet habit de religieuse, et je ne résiste pas au plaisir d'en décrire les véritables splendeurs. Une longue robe de laine très fine et, sur cette robe, un manteau s'ouvrant par devant, blanc aussi, mais avec une bordure de soie bleue très large et formant une façon d'encadrement. Ce dernier vêtement porte une longue traîne dont les plis majestueux suivent, en se déroulant, celle qui le porte quand elle marche. Alors apparaît seulement le bout du pied chaussé d'une mule de satin blanc sur des bas de soie d'un bleu plus clair. Un camail à capuchon formant pèlerine par derrière et se déroulant en étole sur le devant, d'une belle couleur azur, met du reflet dans le long voile qui complète ce costume et que les nonnains rabattent jalousement sur leur visage quand elles risquent d'être vues. Les mains sont gantées de mitaines blanches dont le fin réseau est comme déchiré, aux doigts, par l'éclat des pierreries. Ces saintes filles (le mot est consacré) appartiennent toutes à d'illustres familles du pays et ont vécu jadis dans le monde. Je ne fouillerai pas le secret d'amours désespérées et de désillusions sans retour qui les a résolues de venir vivre là en commun et prier publiquement sur les dalles étonnées d'un cloître; je constaterai seulement qu'elles y ont apporté toutes les élégances de la vie d'autrefois plus somptueuse que celle d'aujourd'hui. Qui sait si l'espoir vague de l'inutile présence d'un ingrat n'est pas dans cette posthume élégance? En tout cas, un peu de sybaritisme est certainement au fond de ce sacrifice.

Mais je ne veux voir là que le côté pittoresque des choses. Jamais je n'ai mieux compris combien Toulouse était près de Rome, de la Rome antique s'entend, car l'autre ne vaut guère qu'on en parle, qu'en contemplant les femmes voilées comme les antiques vestales et gardant, comme elles, l'étincelle dernière d'un feu qui s'éteint. Quand Mozart et Haydn ont fait silence à l'orgue, commencent les litanies dites d'une voix sans accent, sans modulations, mécaniquement scandée comme par un instrument invisible et insensible. Les versets et les répons se suivent sur un ton uniforme et cela dure fort longtemps, trop longtemps. C'est l'heure de ne pas écouter et de regarder. Puis elles se lèvent en rabaissant leurs voiles, et vont, deux par deux, se prosterner devant l'autel, d'un pas silencieux qui se perd ensuite sous une porte basse derrière laquelle elles semblent glisser. Une seule est restée qui, après quelques instants de prière solitaire, exécute une pantomime à la fois surprenante et imposante; car tout à coup, comme prise d'une résolution subite, elle gravit l'autel, en soulève l'ostensoir en s'inclinant, et, d'un brusque mouvement le cachant dans sa poitrine, l'emporte avec le geste auguste d'une prêtresse antique sauvant ses dieux.

II

A BRUXELLES

EFFETS DE NEIGE

I

Sur le point le plus élevé de la villle, au sommet d'une colline qui domine des plaines de maisons, le nouveau Palais de Justice bruxellois élève l'orgueil de ses pierres amoncelées. Et, de fait, il n'est pas, je crois, de monument moderne où ressort mieux la gloire des architectures passées. Il fait penser, tout à la fois, à Rome et à Ninive. Il allie la majesté des dômes à l'impression rigide des pilastres quadrangulaires, la rondeur marmoréenne des panthéons à la fantaisie polygonale des monuments asiatiques. C'est un rêve de granit, un caprice sublime ayant pris une forme solide, comme une vague d'océan que surprendrait la gelée. Celui qui l'a conçu était certainement un homme de génie.

Et tout y est enseignement. Il faut voir plaideurs et avocats courir comme des insectes sur ces escaliers gigantesques, dans ces vestibules immenses, à travers ces prétoires où la voix elle-même se perd, ce qui innocente le sommeil des juges. Ah! que l'humanité de ceux qui s'arrachent des lambeaux de terre ou des lambeaux d'honneur paraît petite dans ce temple sans dieu! Comme on y conçoit bien le mépris des luttes où s'épuisent tant d'existences sans idéal! Quelle leçon que ce tribunal où la Justice semble comme dans un magnifique mausolée!

Il est minuit quand, en revenant du théâtre, je passe au pied du somptueux édifice. Il a neigé, et le long de ses lignes horizontales un duvet de cygne que le clair de lune emplit d'étincelles vagues, de microscopiques étoiles, en estompe tous les contours, les enveloppe d'un flou où tremblent les arêtes, où les reliefs de la pierre deviennent confus et cotonneux. Ce grand aspect sévère disparaît sous cette parure. Le glaive de Thémis lui-même n'est plus qu'un innocent bâton de sucrerie et, dans sa balance, montent des œufs comme dans les plateaux des marchands.

La neige nous apporte l'oubli des formes précises, l'impression d'un chaos qui descend du ciel, l'image d'un suaire dont les plis se moulent lentement aux choses avant de les engloutir dans sa blanche uniformité.

II

Tout un âge passé revit sur la merveilleuse place de l'Hôtel-de-Ville. Un âge plein de révoltes augustes et traversé de grands cris de libertés ; un âge où le génie national, opprimé par l'invasion, prenait déjà ses revanches. Rien n'est changé de ce que fut ce décor où le drame d'Egmont semble encore tout prêt à être joué. Les deux palais que séparait un échafaud sont encore face à face et se contemplent dans la solitude d'une nuit qu'argentent des feux électriques. Les maisons où les corporations avaient sculpté leur sceau professionnel, inégales, d'une architecture pleine de fantaisie, se pressent toujours, comme curieuses de quelque horreur nouvelle où le génie espagnol, le plus savant à la torture, se révèle.

Toute âme citoyenne, à quelque patrie qu'elle appartienne, boit, dans ce lieu, un souffle de virilité et de rajeunissement. Moins sujet que personne à ces impressions infectées de politique, je les ai toujours subies en traversant cette place, et l'amour des opprimés comme la haine des tyrans m'y ont gonflé le cœur. Je me sentais fraternel au peuple qui a souffert pour ses droits et rougi de son sang le joug étranger.

Quel calme immense aujourd'hui ! Ces belles pierres tranquilles où le temps a traîné sa patine de bronze sont comme le squelette de ce qui fut la guerre vivante, la conspiration incessante, l'âme exaspérée des combats. On dirait que la poudre des âges a noirci ces minces colonnettes de granit entourant les croisées vides de faisceaux harmonieux.

Là aussi est tombée la neige, en même temps que le soir descendait sur la ville. Elle a soudain blanchi toutes les ombres. On dirait un monument sortant des mains des ouvriers, la restitution savante d'un antique beffroi d'après de consciencieuses recherches. Un caprice de la neige, et l'outrage des ans est effacé.

La neige nous apporte d'étranges renouveaux, la menteuse floraison d'un printemps tout épanoui d'espérances, ce retour rapide et perfide de toutes les candeurs oubliées. C'est la robe de fiancée dont un pieux caprice de mourante revêt encore quelquefois un corps couché dans le cercueil.

III

Il a neigé aussi sur ta tête, ô Litolff, mon maître ! Mais cette couronne blanche que les épreuves, plus que les années, ont posée autour de ton front ne te messied pas, au contraire. Elle mettra des palmes d'argent parmi les feuilles du laurier, ô toi qui attendis si longtemps la gloire ! Ce hérisson vivant de chevelure liliale qui tressaille au moindre mouvement de ton visage rappelle les ondulations des jeunes avoines dans les plaines où elles semblent flotter comme une poussière grise, et tes yeux semblent deux bluets y piquant leur note d'azur, leur note vive et éclatante. Tout dit en toi une jeunesse prête à renaître, la révolte de tout ce qui vécut dans ton cerveau et qui n'en put sortir au temps des maturités triomphantes. La confiance des revanches est partout, dans ton regard et dans ton sourire où ne grimacèrent jamais ni l'amertume ni l'envie.

Les sculpteurs ont souvent reproduit tes traits, et ta figure d'aigle prisonnier, prêt à secouer ses ailes captives, a souvent tenté le ciseau. Mais le temps serait venu pour la peinture de nous donner de toi un magnifique portrait où nous te verrions auréolé de ta chevelure blanche, toi qui portes dans tes yeux l'éclat du soleil longtemps regardé en face, aux heures de défi contre le ciel, et dont les rides mêmes ont je ne sais quelle rigidité de bronze où s'use la lime du Temps.

Pour toi, la neige fut comme une aile de cygne couvant, jalouse, l'éclosion de ta pensée.

IV

On dirait que la Terre a bu le sang des lis
Et d'un deuil éclatant voile cette hécatombe ;
Car déjà la blancheur des marbres clôt la tombe
Où dorment pour longtemps ces doux ensevelis.

Je t'adore, ô pâleur des vierges trépassées
Dans l'éblouissement des rêves amoureux,
Emportant dans l'azur les essors douloureux
De leur âme pareille aux colombes blessées !

Quel vent a flagellé l'aile que tu parais,
Doux et flottant duvet tombé du vol des anges,
Et secoué dans l'air tes floraisons étranges
Qui font comme un printemps à l'hivernal cyprès ?

Les cygnes se sont-ils heurtés contre la nue,
Cherchant au ciel l'azur de leurs grands lacs fermés,
Ou, Psyché, renouant ses voiles parfumés,
De ses jeunes candeurs s'est-elle souvenue ?

On dirait que la Terre a pitié de nos morts.
Et, vierge devenue au toucher de la neige,
Suspend des floraisons le travail sacrilège
Dans ses flancs qu'au repos invite le remords.

O neige ! tu m'étreins le front sous le mystère
De ta froide splendeur et, comme épouvanté,
Je pense que des cieux, déchus de leur clarté,
Le lait d'une déesse a coulé sur la terre.

III

A ANVERS

Tandis que, fouetté par l'averse, l'Escaut secouait l'innombrable crinière de ses vagues fauves pareilles à des cavales toujours sous le frein, l'Escaut profond et révolté, qui ne reflète plus l'image riante des rives, j'ai regagné le vieil Anvers et fait mon pèlerinage accoutumé au musée Plantin, cette merveille de piété archéologique faite pour humilier nos œuvres de Vandales. J'ai revu la grande cour quadrangulaire aux murailles trouées de fenêtres symétriques, étroites, avec des carreaux quadrillés de plomb, encadrées par les affolements jaunis et languissants d'une vigne dont le pied noueux a les vigueurs du tronc des chênes; et j'ai passé sous le regard tranquille, sous le regard de pierre du premier Plantin dont le buste débonnaire surmonte cette agreste tapisserie que paraissent accrocher aux corniches les larges feuilles recroquevillées comme des griffes d'or. J'ai grimpé le petit escalier qui mène, par les chambres désertes où de vieux lits semblent s'être affaissés lentement sous le poids seul du temps, ce muet compagnon de nos rêves, mélancoliques et vides avec un effrangement de courtines aux couleurs pâlies, jusqu'aux ateliers anciens où les rudimentaires outils des imprimeurs de ce temps attendent les ouvriers que n'appelle plus la cloche dont le bruit ne va pas jusqu'au cimetière.

Rien de plus curieux, de plus artistique et de plus noblement religieux que le soin pris pour conserver à ces longues pièces leur physionomie laborieuse d'antan. Dans les casiers les caractères sont classés comme pour une œuvre prochaine, ces admirables caractères qui firent de la bible d'Alcala le plus beau monument de l'art typographique au seizième siècle et la gloire du savant Arias Montanus. La petite allée de brique est bordée, d'un côté, par les pupitres des compositeurs et, de l'autre, par les presses à bras, vermoulues et massives, amas de bois lourds et déchiquetés par les vers, ridicules et terribles à la fois comme ces armes de sauvages dont la simplicité nous étonne, tandis que nous en mesurons avec effroi les terribles coups. Là fut le berceau de l'Imprimerie, c'est-à-dire la plus formidable invention qui ait servi les haines humaines.

Certes, devant ce spectacle recueilli, dans ce

tombeau demeuré ouvert aux caprices des fantômes, sous ce toit que les cendres invisibles du passé recouvrent comme autrefois les maisons d'Herculanum, vous êtes hanté tout d'abord par l'évocation douce de ces hôtes tranquilles et disparus. Trois siècles se remontent vite par la pensée; et puis, les portraits des anciens maîtres sont là, portraits vivants qui vous regardent avec des yeux amis, bonnes figures encadrées de larges collerettes à la flamande, et rien n'est plus simple que de revivre une heure au milieu de ce monde aux passions mortes. Je vois les fondeurs de plomb à leurs fourneaux et les graveurs sur bois poussant méthodiquement leur stylet dans les pavés de chêne, éclairés en hiver par des chandelles souvent avivées par la morsure des grandes mouchettes en fer. Il ne faut pas grande imagination pour repeupler les bancs déserts encore luisants des usures d'autrefois. C'est une vision où l'esprit s'endort volontiers. Il se réveille à la pensée que ces hommes n'étaient pas de simples machines, mais des êtres, comme nous déchirés de mille désirs, impatients de la destinée. Là, dans ce paisible décor, se nouèrent de solides amitiés et naquirent d'effroyables rancunes; la jalousie y poussa ses souffles empoisonnés et l'orgueil y sentit l'aiguillon des révoltes inutiles. Derrière ce vitrage sombre tamisant, comme à regret, la lumière captive de la cour, l'amour aussi a rêvé, l'amour immortel comme le monde; et plus d'un apprenti, tandis que ses doigts seuls continuaient sa tâche, a vu passer dans un nimbe de soleil la blonde bien-aimée aux nattes battant les épaules, comme dans les figures de vitrail, la promeneuse du dernier dimanche dont le bras s'appuyait si doucement sur le sien, tandis que mai faisait jaillir, du faîte des haies, comme un ruissellement de lait, la blancheur des aubépines. Je n'ai jamais pu visiter une maison abandonnée sans me sentir une sorte de piété absurde pour tout ce qu'elle gardait des traces de ses anciens habitants. J'y vois partout des reliques inconnues et incomprises, des riens dont un souvenir anonyme avait sans doute fait des choses sacrées. Comme les moutons aux broussailles, ne laissons-nous pas un peu de nous à tout ce que nous avons touché? Ceux-ci, leur laine seulement, le grossier habit de la matière; mais, ceux-là, le duvet aérien, comme celui des cygnes qui s'envolent, de leurs pensées, le pollen qui faisait de leur âme une fleur, la poussière fragile, comme celle qui revêt les ailes des papillons, de leurs rêves.

Le jour tombait et la rafale battait les vitres, s'argentant à chaque brisure, éclaboussant les fenêtres des clartés blanches d'un couchant sans soleil. Et, mes impressions s'assombrissant en même temps que les pièces où sonnaient, plus rares, les pas des promeneurs attardés, cette grande enfilade de chambres où les ombres elles-mêmes s'estompaient, chaque chose perdant son relief, s'emplit du tumulte mystérieux d'une foule. Au lieu des battements méthodiques et cadencés des presses rudimentaires qu'un homme faisait mouvoir, j'entendis la clameur sifflante des machines contemporaines ; une buée de vapeur chaude me souffleta au visage, et le roulement du balancier énorme, la grimace d'acier des bielles, le ronflement des courroies sur les roues à toute volée, le grand brouhaha des modernes usines m'étourdit. Ce n'était plus les pages longtemps caressées d'une Bible qui, lentes, sortaient pour l'honneur de quelque livre que les bibliothèques se disputeraient un jour. Mais un inextricable fouillis de papier noirci à la diable, un amoncellement de feuilles où les caractères s'effilaient en longues taches. Et tout cela s'envolait par les croisées, immédiatement saisi par le vent, déchiré par mille mains impatientes, et rien ne restait, un instant après, de ce fatras sans cesse renouvelé, de cette cendre de Phénix dont la tempête faisait ce qu'elle fait de toutes les poussières. Poussière de pensée, poussière d'âme humaine, tout ce qui reste de nous sous l'écrasement de l'activité contemporaine, œuvre hâtive des écrivains de ce jour toujours guettés par la gueule avide du monstre. O tranquille Plantin, qui collectionnais les manuscrits enluminés, respectueux de l'œuvre gothique qu'allait plonger dans l'oubli ton œuvre nouvelle, te doutais-tu que tu inventais un outil de torture et que l'imprimerie ferait plus, un jour, pour l'avilissement de la pensée que la débauche elle-même ? Car c'est la honte de ce temps d'avoir tiré de tes travaux sublimes, ô rival de Gutenberg, l'instrument où se disperse l'invention, où s'émiette le génie, où la méditation déchire ses ailes virginales. C'est toi qui fis plus rapide que la flèche l'injure qu'on se jette de loin au visage...

Le gardien me frappa doucement sur l'épaule. La nuit était venue et, de la ville déjà éclairée, une clarté diffuse et jaune montait, estompant d'un brouillard d'or clair la silhouette des toits noirs de la vieille maison. J'eus bien vite regagné la porte. Anvers et son mouvement de grande ville me happait, pour ainsi parler, ne me permettant plus les inutiles rêveries. Avant une heure s'allumeraient ces curieux cafés chantants où des femmes à moitié nues débitent, dans toutes les langues, leur répertoire cosmopolite, et où j'entendis chanter, un soir, avec une rage que je ne saurais dire, la *Marseillaise* en allemand !

IV

A LA HAYE

Me voici sur le chemin de La Haye, la ville aux tulipes glorieuses, d'Amsterdam aux chemins flottants, et la vision tout entière du voyage que je fis, il y a six ans, dans cet étrange pays me revient comme avivée par la flèche d'or du souvenir. C'était durant le plus rude hiver qu'il ait fait de mémoire contemporaine. Tandis que Paris s'abîmait sous les neiges durcies, résistantes comme des pierres à la pioche des balayeurs, moi, j'étais parti vers le Nord avec l'esprit d'à-propos qui me conduit toujours au midi durant la canicule. C'est un tour perpétuel que me joue le hasard des promenades que décide rarement ma volonté.

Oh! ce chemin de Bruxelles à la Haye, dans une campagne comme figée par les frimas! Les fleuves immenses que des ponts suspendus traversent étaient gelés jusqu'à la mer lointaine. Des banquises y dessinaient d'effroyables saillies, dressaient de véritables dolmens, couchaient de larges pierres tumulaires. Les bateaux étaient debout sur leur route, immobiles et calés par des glaçons énormes. O mensonge exquis des paysages fleuris de Paul Potter. Les prairies elles-mêmes étaient couvertes d'une façon de grésil très blanc qui les faisait ressembler à une eau plus calme, et les mares y traçaient des traînées miroitantes où s'accrochait une lumière plus blanche encore.

Je me rappelle que, dans l'éblouissement monotone de ce spectacle, je m'étais assoupi un moment et que mon esprit s'était empli de mille idées vagues et bizarres. Il me semblait que l'hypothèse des savants s'était réalisée et que la terre, lentement refroidie, ne roulait plus qu'un immense glaçon dans l'immensité. Et sur cette couche toute de frimas, je voyais encore l'humanité, grouillante comme une vermine, s'acharner à ce sol infertile et, famélique, lui demander du pain. L'outil fouillait encore ce marbre monstrueux et le désespoir des races y creusait d'inutiles sillons.

Quand je rouvris les yeux, une illusion d'un moment prolongea mon rêve. Je voyais de tout petits êtres noirs se mouvoir, en tous sens, sur la terre et sur l'eau gelées. Vérification faite, c'étaient de simples patineurs qui allaient à leurs affaires et prenaient un divertissement. Les femmes étaient fort amusantes surtout, et avec leurs larges pèlerines au collet relevé, elles semblaient balancer des cloches au-dessus de leur tête. De temps en temps, comme les araignées aquatiques qui glissent sur les étangs, elles écartaient démesurément les jambes pour lancer un de leurs pieds en avant... Heureusement que, dans cette saison, les nénuphars avaient fermé leurs yeux jaunes comme ceux des chats : car un voisin obligeant m'assura que ces dames, dont un casque d'or, éventré par le haut, maintenait la coiffure, n'avaient pas de pantalon. Je n'étais pas seul à suivre leur course avec une curiosité pleine de charme. Le soleil semblait y prendre grand plaisir aussi, le soleil froid, mais étincelant, qui jetait ses rayons à faisceaux grands ouverts dans cette grande transparence de glace, y réveillant, dans un idéal d'apothéose, toutes les lumières irisées du prisme, épandant les étincellements d'une immense féerie sur les ensembles montueux de terrains et d'eau confondus, sur ce grand silence de la gelée crépitant à peine là où les ailes noires et éperdues des moulins à vent s'évertuaient à tourner encore.

Enfin les faubourgs de La Haye ! Une collection de Téniers avec des jardins qui, grâce à la neige, semblaient en confiserie; avec des maisons basses en brique, aux volets verts et assises comme à cropeton sous des panaches de fumée bleue. Ah ! les joueurs de boule étaient absents des parterres, mais derrière les murailles rouges, l'esprit devinait de bonnes gens blottis autour d'un poêle bien chaud et secouant doucement le fourneau de porcelaine de leurs pipes sur la cendre chaude pointillée d'étincelles d'un brasero de cuivre.

Heureux les pays qui gardent ainsi leur physionomie à travers les temps !

La Haye : une ville calme entre toutes, qui se prolonge jusqu'à la mer par deux kilomètres d'un bois magnifique et bordé de villas. Une grande apparence de richesse que rend moins choquante, au philanthrope, l'absence de tout symptôme de misère. Les pêcheurs de Scheveningue eux-mêmes, qui mènent cependant une rude vie sur la plage que fouette mélancoliquement l'aile blanche et nerveuse des mouettes, ont, aux jours de repos, l'air de bonnes gens très cossus. Ils portent, il est vrai, de lourds sabots, mais peints d'un blanc très gai, et, le dimanche, ils arborent de longues redingotes noires, comme les émigrés des drames populaires, et des chapeaux qui sentent l'exportation parisienne. En revanche, leurs femmes sont plastiquement admirables, avec leur double bandeau métallique au-dessus de l'oreille, fières comme des matrones romaines et traînant après elles ce que la mère des Gracques appelait ses plus beaux bijoux. J'ai vu défiler un régiment équipé comme les soldats de Charlet, et ce me fut comme une vision douce et douloureuse à la fois de la patrie d'antan, glorieuse et balayant la crinière du monde dompté des plis flottants de ses étendards. On est volontiers chauvin quand on a passé la frontière. Le diable m'emporte, mais j'avais les larmes aux yeux !

Amsterdam et la jetée magnifique qui domine de ses deux lions en pierre l'innombrable archipel du Zuyderzée. Imaginez une Venise de glace ; car tous les canaux y étaient devenus des routes terrestres aux larges sillons. Ma mémoire passe rapidement sur ses merveilles et me ramène dans le quartier juif plein d'une activité sordide et très riche sous ses haillons. C'est le temple du monde entier avec ses revendeurs éternels. On trouve de tout là. C'est un résidu des débris de tout ce qui a eu un nom de choses. Tandis que des filles au type superbe vous regardent avec leurs grands yeux de velours noir, des petits vieux vous attirent dans leurs antres avec des câlinades épouvantables.

J'en revois un qui ne me fit grâce d'aucune des pièces de son étalage et d'aucun bibelot de son bazar. Il savait la généalogie exacte de ses plus abjectes découvertes. Il n'avait pas un culot de verre qui ne vînt de Venise, un morceau de fer qui n'eût été ramassé à Tolède.

Les traits de ce petit bavard endiablé m'étaient demeurés dans la tête si bien que je le revis, toute la nuit, en dormant. Il avait, sous sa casquette de loutre pelée, de petits yeux clairs d'une vivacité extraordinaire et quelque chose d'impitoyable dans toute sa personne doucereuse qui donnait le frisson. N'allai-je pas rêver que je causais encore avec lui, qu'en me montrant une petite pipe de bruyère qu'il fumait toujours il me disait qu'il y tenait beaucoup parce qu'elle était en bois de la vraie croix?

Et, comme je m'étonnais de trouver une si précieuse relique dans de pareilles mains : — Vous êtes-vous seulement demandé, me dit-il tout à coup, pourquoi nous avions pris tant de plaisir à crucifier Jésus-Christ ? — Mais, lui répondis-je très discrètement, sans doute parce que vous le preniez pour un imposteur qui voulait se faire passer pour Dieu. — Vous n'y êtes pas, mon cher. C'est, au contraire, parce que nous l'avons cru Dieu que nous lui avons administré cette filiale correction !

Et comme je demeurais légèrement confondu devant cette conception impie :

« Vous n'avez donc pas lu nos livres saints, continua avec feu le petit déicide dont les regards lançaient des éclairs, pour ne vous être pas aperçu que notre Dieu était une effroyable canaille, injuste, inflexible, assoiffée de sang ? Si vous avez encore des illusions sur le nommé Jéhovah, nous, nous les avions perdues. Et le vieux m'énuméra, avec une éloquence amère, tous les tours abominables, que le Dieu de la Bible avait joués à son peuple bien-aimé... Et quand il eut fini, savourant une large bouffée de sa pipe sacrilège :

— Si vous saviez, dit-il d'un air béat, comme notre tabac est bon là-dedans !

V

A BRUGES

C'est il y a un an, à Bruges, où m'avait amené une recherche plutôt pittoresque qu'historique. De toutes les grandes villes de Belgique, Bruges était la seule que je ne connusse pas, et il me semble que j'avais gardé, par un hasard heureux, le meilleur de mon plaisir pour la fin. Pour qui aime à plonger dans le passé et à se faire l'illusion d'une vie antérieure dans des siècles dès longtemps révolus, Bruges offre à la pensée un décor incomparable. On dirait que le Temps, ce voyageur éternel, l'a choisie pour y faire une étape. Pompéi ou Herculanum ne sont pas des villes plus parfaitement mortes. Mais quels grands souvenirs de la vie y demeurent, d'une vie calme qui, comme un océan sans tempêtes, s'est retirée par lents reflux visibles encore aux fronts ridés des vieilles femmes coiffées de capelines et qui semblent descendues des tableaux de Memling, pour promener par les rues désertes leur curieuse mélancolie de spectres attardés. A peine, de loin, les distingue-t-on des moines dont les frocs ressemblent à leurs longs manteaux, des moines qui cheminent, un livre crasseux sous le bras, entre les maisons à pignons de bois, troupeau en désordre de toitures bizarres que, pareils à des bergers pensifs, les hauts clochers gardent de place en place, sonnant encore les derniers échos des cultes défunts.

Et j'allais de merveille en merveille par cette cité étrange où tout est musée, les tribunaux et les temples, et jusqu'aux hôpitaux où les pauvres meurent dans le voisinage indifférent des chefs-d'œuvre. Ici, c'est une châsse d'or massif incrustée d'admirables pierreries et dans laquelle est suspendue, joujou superbe, la minuscule couronne d'une petite reine de Hongrie. Là, c'est cette merveilleuse adoration des Mages, qui a sans doute inspiré à Alfred Stevens cette pensée, un peu troublante au premier abord, que toute bonne peinture doit être vue à la loupe. Partout, partout, l'œuvre d'artistes patients et recueillis, la trace d'un monde qui n'est plus le nôtre et qui vivait agenouillé dans l'ombre immense de la foi. Et, quand les beffrois tintaient leurs musiques grêles dans le silence, je croyais entendre le labeur rythmique des outils sous les doigts un instant ranimés de ces ouvriers sublimes endormis dans leur grand rêve d'Idéal et d'Immortalité !

Quel contraste dans mon esprit ! Le matin, j'avais quitté Bruxelles, où tout était rumeur furieuse et désolée. J'étais parti hanté par la vision sinistre des affamés se ruant au pillage à travers les flammes. Le fantôme des jacqueries agitait sous mon front des torches et des piques ensanglantées. Et je les voyais tomber, ces misérables que des siècles de fatalité fouettent sur le chemin du crime, sous les balles impatientes des soldats pressés de regagner la paix monotone des casernes. Je ne sais ce qui dominait en moi, de l'horreur ou de la pitié ! Ces damnés de tâches impitoyables courant à une liberté mortelle, s'arrachant, comme des bêtes, les viandes crues aux barreaux des boucheries, ilotes d'une ivresse que le sang noiera, sinistres compagnons d'une débauche sans lendemain, m'emplissaient de réprobations véhémentes et de révoltes fraternelles. Et je pensais aux femmes qui étaient parmi eux, aux femmes que mutilerait la mitraille commune ; je les voyais couchées dans leurs cheveux mêlés de rouges ruisseaux, le sein troué de blessures béantes... Ah ! voilà qui est trop horrible vraiment. Ceci devait être la beauté et devait être la grâce. Ceci a sans doute été l'amour. Et rien, rien que des chairs pantelantes que secoue un hoquet d'agonie ! Qu'une civilisation qui ose parler au nom de l'égalité ait ses forçats nécessaires ; qu'elle broie des milliers d'existences sous son talon victorieux ; qu'elle condamne à la nuit, dans les mines, et aux flammes, dans les forges, des hommes à demi-nus qui ne vivront pas leur âge, martyrs involontaires du progrès, machines ayant l'horrible pouvoir de souffrir, c'est, paraît-il, une loi, celle qui livre le faible au fort comme une proie, le ruminant au fauve et l'insecte au pied lourd du ruminant. Mais que la femme ne soit pas défendue et violemment arrachée à cette malédiction d'une race, voilà ce que je ne saurais comprendre !

Oui c'était la fièvre à Bruxelles, la fièvre des dernières nouvelles montrant les hordes menaçantes, les campagnes incendiées et, derrière tout cela, sans doute la main obscure de l'étranger à qui, depuis quinze ans, profite toute ruine et qui ne marchande pas le sang des peupies à son appétit victorieux.

A Bruges, c'est à peine si l'on savait tout cela. De rares passants s'arrêtaient dans les rues pour en causer avec un effarement presque comique. On avait bien vu partir les troupes, le matin, le fusil chargé et avec des vivres de campagne sur le sac. Mais il semblait que ce fût le dernier élément moderne toléré dans cette cité posthume qui se fût en allé au son du tambour. Derrière lui était rentré le passé, l'âme absente de ce grand corps de pierre. Elle semblait apportée par les souffles printaniers épars dans l'azur clair du ciel et qui, partout, faisaient jaillir des branches noires les flèches innombrables d'émeraude des bourgeons. Et sur les canaux qui rappellent la gloire de l'antique rivale de Venise, couraient des frissons d'argent où tremblaient les images des maisons riveraines et des saules aux pleurs vivants. Les crocus ouvraient leurs yeux violets dans les gazons tendres sur les places tranquilles où les moutons viennent brouter sous des peupliers aux cimes lointaines ponctuées çà et là de guis ou de nids abandonnés.

Et je me sentais vraiment, dans ce rajeunissement de la nature et des légendes, dans un âge moins impitoyable que le nôtre et dont les consolantes erreurs valaient peut-être mieux que nos vérités. Ces figures extatiques de Memling et de Pourbus n'étaient pas des portraits de grands de la terre, mais de gens humbles et vivant de leurs mains résignées, l'âme bercée de croyances enfantines et douces. Ce qui fait l'attirance singulière de ces regards si profondément humains, c'est qu'ils contemplent je ne sais quel au delà mystérieux par derrière nous-mêmes. Et voilà pourquoi ils semblent nous traverser en allant à leur but caché et nous pénètrent d'une chaleur fraternelle. Ce temps-là, comme celui-ci, avait ses deshérités, mais il leur avait laissé l'illusion des revanches immortelles et d'une tardive justice dont il n'y avait pas lieu de hâter l'heure. Qui dira ce qu'il entrait d'hypocrisie dans cette mansuétude et ce qu'il entrait de pitié ? Qu'importe si la somme des douleurs humaines en était moindre !

Moi, je voudrais qu'on respectât jusqu'aux mensonges de l'histoire. N'était-elle pas exquise la légende qu'on raconte encore à Bruges pour y expliquer la présence des plus beaux tableaux de Memling dans une chapelle d'hôpital ! On y montrait l'illustre peintre, blessé à la bataille de Nancy à côté de Charles le Téméraire et revenant épuisé, misérable, demander un asile à sa ville natale, où des religieuses le recueillaient et le sauvaient par leurs soins. Il était naturel qu'il leur payât en chefs-d'œuvres sa dette de reconnaissance. Je n'en ai, pour ma part, aucune à l'archéologue anglais, sir Veale, lequel est parvenu à démontrer victorieusement que Memling était tout simplement un bourgeois notable de sa ville, vendant fort bien sa peinture et laissant une honnête aisance à ses enfants.

Mais enfin cette fantaisie même d'un biographe plein d'imagination implique le souvenir d'événements tragiques auxquels la paisible cité fut mêlée. Elle évoque le spectre des guerres lointaines, de saintes révoltes contre le joug de l'étranger, d'un passé où le sang a coulé par les brèches grandes ouvertes. Elle ne laisse pas intacte, dans mon esprit, cette grande et douce impression de sérénité qui me venait surtout du silence des haines mortes et des rancunes apaisées. Où la mousse croît maintenant toute diaprée des fleurs impatientes d'avril, le pied lourd des hommes d'armes espagnols a longtemps déchiré la terre. Nous-mêmes avons été là des oppresseurs et un monument où le nom de Coninck est exalté dans le bronze y dira notre défaite. Partout où l'homme a passé il a mis ses levains de ruines et laissé des ferments destructeurs. Heureux les peuples chez qui ces traces sinistres d'antan ne rappellent que la liberté reconquise et que la Patrie vengée !

Mais la guerre civile ! Horreur monstrueuse et sans héroïsmes qui la relèvent!

Et, dans ce Bruges paisible, devant ces murs noircis par le temps où se dessine à peine l'ombre rapide d'un moine ou d'une vieille femme se rendant à la prière, je me mets à penser plus furieusement encore, par l'effet des contrastes, aux combattants de Charleroi, aux émeutiers en haillons, à ces malheureuses dont le sifflement d'une balle emportera le dernier blasphème, à ces femmes des damnés qui ont comme l'enfer dans ce monde et devant qui ne s'ouvrent même pas les portes vengeresses d'un Paradis !

VI

A AGDE

Si vous interrogez un dictionnaire de géographie, il vous répondra sans hésiter : AGDE, *chef-lieu de canton de l'arrondissement de Béziers, 8,800 habitants.* Et c'est tout.

Si, voyageur distrait, vous parcourez à la hâte les rues étroites, puantes et tortueuses de la petite ville ainsi sommairement définie, vous y verrez des matrones bavardes sur les seuils, des hommes nonchalants dans les carrefours et de beaux enfants malpropres pataugeant dans les ruisseaux, comme dans le premier bourg de Provence venu. Et c'est tout.

Et cependant Agde est comparable à l'huître rugueuse qui cache une perle au plus profond de ses replis nacrés. Agde est certainement un des lieux les plus curieux du monde entier. Agde a gardé, à travers les temps, le secret d'une splendeur abolie. Là vit, intact et immaculé, exempt de toute promiscuité dégradante, le dernier vestige d'une colonie grecque dont l'arrivée se perd aux arcanes de l'oubli. Attendez-y seulement le dimanche et, sur la promenade, à l'heure du grand soleil, vous y rencontrerez, de moins en moins nombreux, hélas! m'a dit mon cicerone, des hommes aux traits héroïques comme ceux du masque d'Achille, dont la démarche fière profile son ombre sur les murs avec des solennités de bas-relief, et des femmes qui semblent les marbres animés des plus belles statues antiques. Oui, les marbres, car leur pâleur même ajoute à l'illusion. Car l'appauvrissement de ce sang précieux est venu de l'orgueil qu'elles mettent à ne le point mêler, et ces admirables créatures, après un magnifique épanouissement de jeunesse, meurent pour la plupart phtisiques avant trente ans. Mais, du moins, elles n'ont pas profané le type glorieux dont elles avaient la garde, et, prêtresses fidèles, elles ont, avant de le laisser éteindre, transmis à de pieuses mains le feu sacré.

Telles je les ai vues passer, superbes et farouches, m'enveloppant, dans la foule des étrangers, du mépris de leur regard. Jamais je n'ai si bien compris comment l'infériorité de la race impliquait de légitimes servilités ; car devant leur beauté parfaite, je ne me suis senti qu'une âme d'esclave et mon désir ne montait pas plus haut que la poussière où j'eusse voulu baiser la trace de leurs pas. Jamais, non plus, je n'ai mesuré plus humblement la distance qui sépare notre idéal moderne de la réalité antique. Notre monde affairé, avide, besoigneux, effroyablement actif m'apparut comme une fourmilière, grouillant au pied du marbre de la colonne brisée d'un temple. Que valent donc ce mouvement et cette fièvre, cette âpreté de désirs et cette fureur de moyens devant le calme d'impressions où s'était modelée la sérénité de ces beaux visages! En vérité, nous allons tout droit à la grimace du singe, dont l'extrême mobilité de ses appétits torture sans relâche le facies immonde. La mémoire s'efface des fronts qu'emplissait le tranquille rêve de l'immortalité et des yeux levés où descendait l'image du ciel. Le souvenir s'abolit des formes que le soleil avait librement caressées, comme les fleurs qu'il ouvre, comme les fruits dont il arrondit la plénitude savoureuse. D'ignobles travaux ont ployé l'échine humaine et bu la sève de nos muscles. Ah! comme ces filles ont raison de ne pas polluer leur virginité à nos insultantes étreintes! Elles meurent plus tôt et leur sang tari ne suffit plus à emplir leurs veines. Mais, après elles, plus blanche, plus pâle, plus près encore de la mort, demeure leur image vivante, le divin fantôme de l'immuable Beauté.

Du front étroit jaillit la large chevelure,
Flot vivant qui dormait au cœur d'un marbre blanc ;
La ligne s'arrondit pour embrasser le flanc,
Descendant les ravins profonds de l'encolure ;

Des baisers du soleil exhalant la brûlure,
La bouche s'ouvre et rit, comme une fleur de sang ;
L'œil calme a la douceur des soirs sur un étang ;
Le pas lent sur la mer a rythmé son allure.

Enfant des mauvais jours, épris de l'art païen,
J'adore comme un Grec du temps athénien
La femme que revêt cette splendeur insigne,

Qui fait tout mon respect de sa seule beauté
Et, pareille à Léda, porte sa nudité,
Fière à tenter un dieu, blanche à tromper un cygne !

Ah ! si j'étais M. de Rothschild, ou simplement empereur d'Occident, ce qui est à fort peu près la même chose, dans le noble temps où nous vivons, comme je m'emparerais bien vite, au poids de l'or ou au poids du fer, suivant que je serais un banquier ou un conquérant, de cette petite cité provençale ! Comme j'en chasserais à coup d'épée ou à coup de billets de banque, suivant le cas, les mangeurs d'ail et les marchands d'olives pour purifier l'air autour de ces divines exilées ! Quelles rues de marbre je dessinerais devant leurs pas, à travers les ruines des anciennes masures éventrées ! — Quels palais je bâtirais à ces filles du soleil ! Des palais pareils à des temples et dont les faîtes glorieux seraient peuplés de colombes. Je défendrais soigneusement cette Athènes en miniature contre l'invasion des prospectus parisiens et la visite des costumiers du Théâtre-Français, afin d'y faire refleurir les vraies modes seyant à cette impeccable beauté, la blancheur des tuniques bordées d'azur ou d'hyacinthe, la pourpre des cothurnes brodés d'or clair, la splendeur mate des bijoux faisant passer des ombres d'ambre sur la peau, transparentes et vibrantes. De généreux vins y couleraient à pleines coupes, et j'y interdirais formellement, comme immorale, la lecture des journaux où les guenons à tignasses rouges de la cocotterie boulevardière ont leurs historiographes. En prolongeant ainsi, par la piété de mes soins, tout ce qui reste sur la terre de ce qui en fut jadis l'honneur, je me croirais plus utile à mon siècle et à mon pays qu'en présidant une commission même extra-parlementaire ou en inventant une machine nouvelle pour faire le boudin, voire même en mettant en actions le sucre des diabétiques. Mais, hélas ! je ne suis qu'un pauvre promeneur tourmenté du regret d'être son propre contemporain et celui de M. de Bismarck.

VII

A ORANGE

C'est au temps des vacances, pendant ma courte promenade dans mon cher Midi. J'étais à Orange, dont les ruines romaines sont moins célèbres que celles d'Arles et de Nîmes et mériteraient de l'être davantage. Je m'étais arrêté longtemps devant l'arc triomphal que décore une admirable tête de Phœbus et qui redit la gloire d'Adrien, suivant ceux-ci, de Marc-Aurèle, suivant ceux-là. J'entrais dans le théâtre dont les gradins semblent encore attendre des spectateurs, dont la scène intacte n'a perdu que son revêtement décoratif. Mon cicerone, portier de l'édifice, me fit placer fort loin, aux places que le menu peuple devait occuper pour des sommes dérisoires; puis il se mit à lire, à lire du nez et avec des intonations ridicules, des vers d'une tragédie de Corneille. Bien que nous fussions en plein vent, le velum dont les crochets apparaissent encore dans l'épaisseur des murailles manquant seul à l'ensemble du monument, je ne perdis pas un seul des mots que prononçait cet homme. Ils m'arrivaient, répercutés par les parois mutilées, enflés par la distance, pour ainsi parler, accrus par la sonorité d'invisibles échos, distincts et puissants. Le soleil d'une des rares belles journées de l'année descendait, rouge, vers l'horizon dans une véritable coulée d'or et, en même temps, des ombres montaient derrière les murailles, qui semblaient sortir de la terre et se dresser pour prendre la place des clartés évanouies, si bien qu'il me sembla que des hôtes posthumes de la salle en ruines s'asseyaient à mes côtés, hommes aux pieds poudreux de la poussière du tombeau, femmes au front pâle des pâleurs sereines de la mort, enveloppées de tuniques et de robes aux couleurs tendres et passées. Et la lumière oblique faisant palpiter une auréole au-dessus de cette vision, en se brisant et en éclaboussant de feu les crêtes déchiquetées des murs, ces spectres s'animèrent, et je fus un instant le contemporain des antiques spectateurs qui, jadis, emplissaient cette nef immense, les vers de notre vieux Corneille sonnant à mon oreille comme des hexamètres de Sénèque le Tragique. Nous étions là sept mille, comme autrefois, moi seul vivant parmi cette foule. Le lendemain on me montrait, tout près de là, les restes d'un cirque qui pouvait contenir vingt mille personnes et les traces d'un bassin où se donnaient des jeux nautiques dans lesquels pouvaient manœuvrer vingt trirèmes, amenées là par des canaux de plusieurs kilomètres.

Il est malaisé de ne pas sentir une certaine honte de son siècle devant les vestiges d'une civilisation humiliante pour le nôtre. O Paris, ville de plaisirs, Babylone pour enfants, je me demande lequel de tes théâtres pourrait être comparé à celui dont j'ai vu les ruines? O scientifique séjour, cité des Congrès et des Expositions universelles, tes physiciens et tes géomètres vivent donc bien mal ensemble qu'ils n'ont pas pu s'entendre encore pour construire une salle dont l'acoustique fût satisfaisante à peu près, et que tu édifies chèrement des Opéras où s'étouffe la voix humaine comme sous le flot d'un océan? Il est vrai que tes électriciens excellent à éclairer ce silence et à remplacer la musique par d'ingénieux joujoux. C'est un Opéra pour sourds que tu nous donnes. Nos pères avaient des Cirques pour les pantomimes et les feux de joie. Mais ils avaient aussi des théâtres pour y écouter la parole des poètes et les sons divins de la lyre.

J'ai appris, dans une histoire sainte revêtue de toutes les approbations universitaires, que les pyramides d'Égypte avaient été construites à dos d'Hébreux. Les israélites de ce temps-là n'étaient peut-être pas gens du monde, mais ils avaient de solides échines. Cette forme de l'agitation antisémitique qui consistait à les occuper aussi utilement valait certainement mieux que les violences dont ils sont actuellement l'objet en Russie. Le malheur est que cette fable est absurde. Arrêtez-vous auprès d'un monument en reconstruction et voyez un peu combien, avec toutes leurs machines, peinent les ouvriers contemporains pour élever une pierre à une certaine hauteur. Et quelle pierre ! Un caillou, un grain de gravelle comparé aux immenses blocs qui s'étageaient pour faire des tombes aux Pharaons. J'ai beau imaginer des milliers de bras, il faut bien, pour expliquer l'ascension de ces monstres calcaires, que je suppose un mécanisme transformant toutes leurs actions en une action unique. De là l'idée nécessaire de machines infiniment plus puissantes et plus ingénieuses que tout ce que nous possédons aujourd'hui pour la construction. Et notez qu'en même temps qu'ils leur donnaient de si bonnes leçons d'architecture, les dits Égyptiens apprenaient aux Juifs la notion de l'immortalité de l'âme, laquelle passe aujourd'hui pour une baliverne, mais enfanta les chefs-d'œuvre de l'art grec et aussi de l'art latin, depuis les bas-reliefs héroïques du Parthénon jusqu'aux admirables livres de Platon et de Sénèque.

Lorsque d'indiscrets révolutionnaires ouvrirent, à Saint-Denis, les tombeaux de nos rois, ils furent immédiatement punis de leur curiosité sacrilège par la mauvaise odeur qui se dégagea des mânes outragées de nos dynasties. Il paraît qu'en particulier Louis XV se vengea en les infectant à plaisir. Cependant Louis XV avait été embaumé par les plus savants médecins de son temps. La chimie a fait, depuis cette époque, d'incontestables progrès, mais je n'ai pas ouï dire, cependant, qu'elle ait su rendre des cadavres incorruptibles pour une quarantaine de siècles. Elle vous sale assez proprement les morts de distinction, mais elle se contente de les saler. Tout au plus les farcit-elle, mais ce n'est pas pour longtemps qu'ils sentent les aromates. Le temps a vite raison de ce truffage insuffisant. Donc, les faiseurs de momies étaient encore nos maîtres en cela, et leurs bandelettes font la nique à nos seringues. Tout ce qu'on peut soupçonner, c'est que leur procédé était coûteux, puisque les Juifs ne l'ont pas adopté pour leurs ancêtres qu'ils vénéraient mais enterraient économiquement, sans faire même, comme les Grecs, la dépense d'un tas de margotins pour conserver leur cendre. C'est effrayant, décidément, ce qu'ils étaient peu gens du monde, en ce temps-là !

Veux-je dire que notre glorieuse époque n'a rien inventé ? Allons-donc ! Et toutes les admirables choses qui, depuis la poudre à canon, ont été trouvées et permettent de mépriser une découverte insuffisamment meurtrière ! Et tous ces merveilleux corps détonants, grâce auxquels bientôt l'humanité tout entière se dispersera dans les airs en pétarades. Et les picrates de potasse, et les iodures d'azote, ça n'est donc pas gentil, tout ça ? La civilisation tendit assez longtemps vers un idéal artistique visiblement cherché dans les œuvres qui couvrent le sol des grandes cités. Un monument comme le Louvre résume les efforts de dix siècles, et synthétise, durant une longue période, les travaux de l'esprit humain. Crac ! nous savons aujourd'hui le moyen de le supprimer comme d'une pichenette. Nous avons le véritable pouvoir de détruire, en quelques secondes, ce que la lenteur des âges a laborieusement édifié. Comme la Mort elle-même, nous fauchons en pleine vigueur les choses condamnées. Nous foudroyons comme autrefois Jupiter, et le rêve des Titans est accompli, le rêve des Titans monstrueux, révoltés contre les splendeurs de l'Olympe. Non, non, ce siècle n'est pas un siècle sans ressources, car il possède assez de bave pour noyer toutes les croyances, et assez de dynamite pour faire sauter tous les chefs-d'œuvre du passé !

VIII

A SAINT-CLOUD

J'ai habité Saint-Cloud un été. O la mélancolique et déjà lointaine saison ! A mon bras s'appuyait, dans sa marche languissante, la belle fille pâle qui ne devait plus revoir qu'un printemps. Celles que la Mort a touchées du vent de son aile, dans la fleur encore en bouton de leurs années, nous laissent dans l'âme la vision douce d'êtres envolés pour quelque mystérieux destin. Je vous dis qu'il y a bien longtemps de cela, et pourtant quelquefois mon souvenir s'attendrit sur ce déclin d'une aurore et s'inquiète pour l'absente, et je me demande tout bas :

> Que fais-tu dans la tombe, ô ma petite amie,
> Front marqué par la Mort d'un inflexible sceau,
> Sous mes baisers en pleurs, pauvre enfant endormie,
> Que j'ai mise au linceul comme dans un berceau ?

Vers ton cruel destin par un rêve guidée,
Portant dans tes yeux clairs des pensers surhumains,
Dans le chemin des fleurs tu t'étais attardée,
Et la nuit te surprit des roses dans les mains.

Rien de toi ne sembla descendre sous la terre,
Tes beaux regards éteints, tes longs cheveux coupés,
Et je te cherche ailleurs qu'au tertre solitaire
Où montent les grands lys par l'aurore trempés.

Ton âme s'est enfuie avec un frisson d'ailes,
Et ton cœur a fleuri, dans les lys des antans :
La Mort, comme l'hiver, nous prend des hirondelles;
Mais pour les ramener, il n'est pas de printemps !

Comme un hôte des cieux je t'avais respectée.
Et, ne voyant en toi que l'être qu'on défend,
A genoux je t'avais au tombeau disputée...
Sans être père, hélas ! j'ai perdu mon enfant !

O triste été, près de la malade que le soleil faisait quelquefois sourire ! Plein d'espoirs rapides et de longues détresses, l'été anxieux sous la sérénité ombreuse des avenues, voilé d'un deuil prématuré dans la joie débordante des choses, mouillé de larmes cachées dans le calice resplendissant des fleurs ! L'impitoyable nature aime à raviver nos douleurs par l'ironique gaieté du décor dont elle les entoure. Elle apporte à nos mortes des habits de fiancées, éblouissants de la candeur parfumée des muguets, et ses musiques les plus légères accompagnent nos plaintes les plus sombres, comme les brises qui se jouent sur la profondeur gémissante des grands lacs nocturnes...

Je fus plusieurs années sans avoir le courage de retourner à Saint-Cloud, où m'attirait cependant une des amitiés les plus sûres que j'aie rencontrées dans ma vie. La guerre vint qui livra la petite ville à l'ennemi, puis l'armistice qui ne le désarma que quand sa vengeance fut complète. Car le canon avait cessé de gronder quand les dernières maisons de Saint-Cloud s'allumèrent, mettant comme un brasier aux pieds du grand bois dont les cimes encore nues s'enveloppèrent soudain de fumée. Du nombre fut celle de mon cher docteur Desfossez, la Providence des pauvres là-bas, la chère demeure où le doux savant avait longuement édifié sa studieuse bibliothèque, où ses filles étaient nées, le foyer rempli naguère de toutes les joies familiales... Tout cela un monceau de pierres noircies et de cendre! J'accourus et je revis ces lieux cruels à ma pensée dans une désolation qui faisait un cadre terrible à son amertume à peine adoucie. Tout était ruines dans ce paysage désert comme dans mon cœur désolé.

Ah! nous oublions vite! Mais celui qui aurait besoin de raviver dans sa poitrine la haine sainte de l'étranger n'aurait vraiment qu'à évoquer ce spectacle dans sa mémoire. Des pans de mur debout comme des spectres, inégaux, déchiquetés, étendant autour d'eux, comme des membres endoloris, des membres de cadavres, raides et crispés, des lambeaux allongés de charpentes dont les bouts étaient des tisons éteints. Çà et là, mais rares et coiffant cyniquement ces haillons de maçonnerie, une toiture crevée, misérable comme un chapeau de mendiant où le vent passe dans les trous. Ces débris fantastiques, tout mangés de lèpre par la flamme et pareils aux loqueteux accroupis dans les lazarets, étaient comme chaussés d'informes tas de poussière noire, de tas monstrueux et vallonnés que la pluie avait durcis. Rien de plus sinistre que cet amoncellement de décombres où des frissons d'âme semblaient passer encore, où s'accrochaient des lambeaux des vies violemment arrachées ; coins de tentures apparaissant encore aux cloisons éventrées, larges bandes de suie rectilignes ou se coudant, mais marquant le parcours des cheminées disparues. Devant ces fleurs effacées, que de choses humaines avaient pleuré ou souri ! Que de larmes et de baisers elles avaient cachés dans la solitude des chambres profanées ! Au coin du feu qui avait promené jusqu'aux toits ses lampées de fumée, que de doux entretiens avaient réuni les hôtes du soir sous la clarté douce de la lampe hibernale ! Allons ! Allons ! ce n'était pas seulement des pierres incultes que l'implacable vainqueur avait fait écrouler, ou, du moins, ces pierres étaient tombées sur des cœurs qui en saigneront toujours !

Quinze ans ! Saint-Cloud a repris sa physionomie joyeuse le long du fleuve que des collines boisées dominent, glorieuses de leur verdure qui met, par les beaux jours, comme une coulée d'émeraude dans l'eau. Rien n'y redit plus l'acharnement farouche de l'Allemand, rien que le château impérial, squelette où l'écho des tapages d'antan passe avec un bruit de girouette qui grince, colosse de pierre inutilement debout sous sa chevelure de broussailles accrochées aux fentes du granit, de broussailles où les corneilles viennent fermer le rond bruyant qu'elles tracent dans le ciel en se poursuivant sans cesse avec des cris. On dirait les souvenirs discordants d'une fausse gloire qui se disputent dans l'air. Hors ce débris acharné qui semble comme un corps sans âme, tout est rebâti, tout est pimpant, tout a oublié. Moi-même je suis revenu souvent dans ce paysage, mon être s'étant pour ainsi dire assez rajeuni dans de nouvelles tendresses pour que mon bonheur présent n'y fût plus poursuivi des images cruelles du passé. J'y ai retrempé, comme à une source qui ne reflète plus que l'image tranquille des nuées, toute autre vision s'en étant évanouie, la poésie d'amours à la fois jeunes et profondes. Nous sommes comme les jardins où les roses d'un printemps renaissent sur la tombe du printemps passé, sur la tombe des roses défleuries. Le même parfum revit aux cimes des tiges vivaces qu'en vain la neige a doublées de sa bordure frissonnante d'hermine. Telles, sous un frileux sachet de cygne, se conservent les odeurs douces et surannées.

Oui, tout est gaieté, parmi le déclin automnal, là-bas, le long de la Seine, qui semble emporter vers la mer nos regrets avec ses eaux toutes dorées des couchers du soleil. Car c'est depuis deux jours la fête patronale la dernière et la plus belle de la saison, celle qui, de la grande place, s'en va sous les tilleuls jusqu'au rond point de verdure où commence l'obliquité montante du bois. Et j'en suis tous les ans de cette bruyante promenade, dans le mugissement ridicule du mirliton, l'odeur odieuse des beignets en plein vent, et l'étourdissement des chevaux de bois plus obstinés à leur inutile travail en rond que des bêtes politiques. De tout cela je n'entends pas grand'chose, rien qu'un bruit confus et indifférent comme celui de l'océan lointain. Mais je jouis, muet, de la féerie du paysage, de ce paysage où m'a ramené, comme une fatalité caressante, une rare diversité d'impressions, qui me fut comme un monde d'émotions douces ou cruelles, où mes pleurs se sont bien vite séchés sur le sable, dont j'ai gardé fidèlement quelques fleurs, aujourd'hui sèches, mais non pas sans parfum vivant!

IX

A L'ODÉON

Oui, compagnons, j'ai franchi les espaces et traversé, d'un pied sec, d'ailleurs avec moins de mérite que Jésus au lac de Genezareth, j'ai traversé le fleuve plein de frémissements argentés sous la brume nocturne. Car la Seine est comme un lit de paillettes à cette heure emplie encore du scintillement des becs de gaz, où chaque étoile tombée du ciel semble se briser au toucher de l'eau, puis se dissoudre en minces filets de lumière, où les grands yeux des bateaux-mouches promènent devant eux un éparpillement de rubis et d'émeraudes. Tout autour les masses profondes des maisons dont les contours s'estompent comme ceux des nuages s'arrondissant avec les dômes de l'Institut et du Tribunal de commerce, s'effilant avec les clochetons de la Sainte-Chapelle et du Palais de justice. Le bruit seul des voitures survivant aux grands brouhahas du jour. Où un homme de bien peut-il se rendre, perdu dans cette ombre déchirée de mille clartés, sinon à l'Odéon et pour y entendre des vers ?

Aussi bien était-ce mon cas, et je n'invoquerai aucun alibi pour m'en défendre. Un article de mon ami Bernard-Derosne m'avait hanté tout le jour et je le voulais entendre, ce *Conte d'Avril*, qui révèle au public un poète que les délicats connaissaient déjà tous. Un souffle de Shakespeare dans la musique sacrée du vers français ! Je devinais un régal et j'ai goûté la pure joie que j'allais chercher au loin ! Les belles rimes me tintent encore à l'oreille : les spectres charmants de la fantaisie passent sous mes yeux dans leurs chimériques costumes et j'ai rapporté comme un parfum de printemps immortel dans mon jardin où pleuvent les feuilles mortes sous l'automnale mélancolie des déclins ! Une œuvre de théâtre où, loin de revivre plus intenses aux feux douteux de la rampe, les écœurantes banalités de la vie s'effacent derrière les toiles azurées qui ferment des paysages infinis, où l'Amour parle la langue inviolée des idéales tendresses, où des comédiens vivants consentent à porter les couleurs changeantes du Rêve ! En plein Paris, comme ça ! Ce n'est pas le fleuve tranquille où venaient boire les moutons enrubannés de madame Deshoulières, mais l'Hellespont furieux, où se mêlèrent, à la vague, les chevelures de Léandre et d'Héro, que j'aurais franchi pour assister à ce miracle, à ce glorieux effondrement des théories directoriales, à ce triomphe du poète dans le réveil surpris des échos que l'ennui avait faits silencieux!

Et quel souvenir-là! Celui d'une soirée pareille, mais déjà lointaine, d'une soirée dont la mémoire m'est comme un grand jaillissement de jeunesse à travers le cœur. Je la revois, cette première du *Passant* qui, du premier coup, fit célèbre Coppée. Nous, ses amis, étions tous là... plusieurs sont morts qui, eux aussi, étaient de bons poètes, comme ce pauvre Léon Valade. Nous connaissions sa pièce à l'avance, nous en admirions la prosodie savante et les ingénieuses pensées, les images heureuses et le beau souffle juvénile. Mais nous ne prévoyions pas l'immense effet qu'elle devait faire une fois le rideau levé. Et ce fut subit, immédiat, superbe. On avait commencé par un acte, également en vers, de Du Boys, que le public et la critique avaient accueilli avec de bienveillants hochements de tête, une mimique patience qui voulait dire : « Il faut bien permettre quelquefois aux rimeurs d'exercer leur coupable industrie. Ce ne sont pas de méchantes gens et leur folie n'a rien de dangereux. » Du diable si je me rappelle un mot de cette amusante comédie rimée à la diable...

Mais voici que, dans un décor de féerie, tinte le vers magistral et sonore de Coppée, que s'ouvre toute grande, entre les portants effarés, l'aile du Rêve sur une simple histoire d'amour, et que mademoiselle Agar, dans tout l'éclat de sa beauté triomphale, apparaît sur le perron de Silvia, traînant les flots de velours noirs de sa robe. Et des vers, de beaux vers, de vrais vers partout ! Ce fut comme un choc électrique, et jamais victoire ne fut plus soudaine. Quelle sibylle inconnue avait crié le : *Ecce ! Ecce Deus !* Je ne sais pas. Mais ce n'est pas nous seulement, les rares fervents de la Muse, qui applaudissions à nous broyer les mains. La foule, la vraie foule frissonnait d'aise et avait des houles d'enthousiasme comme une mer. Et, sous les crânes même des critiques, sous ces crânes craquelés comme des faïences surchauffées qui pètent, on entendait sonner des bravos grognons, les derniers hoquets d'une colère vaincue.

O poésie, quelle grande conquérante tu es !

Là, où tu poses ton pied divin, chère Immortelle, il naît dans les cerveaux, comme dans des jardins rajeunis, je ne sais quelles floraisons soudaines. Tu enveloppes, comme d'une verdure idéale, le monde obscur et croulant de la pensée humaine, et tes beaux festons de roses cachent les plaies de nos cœurs comme les feuillages pendus aux blessures béantes des murailles. Et quoique le découragement de toutes choses les fasse te renier, ils te reconnaissent, quand tu passes, et t'acclament, les combattants affamés de la lutte pour l'existence, ceux que la lèpre du lucre a fait pareils aux bêtes honteuses qui fuyaient devant les pas d'Orphée écouté des lions pensifs.

Seule, debout encore sur nos scènes avilies, ton image y fait passer quelquefois le souvenir de l'antique Beauté. Tu es comme un Léthé qui purifie. Dans les transparences de tes ondes, fleuve sonore aux bercements divins, le monde réveillé des héros et des génies, des vierges amoureuses et des fidèles amants flottent comme le bouquet retrouvé d'Ophélie, et tes grands roseaux chantent l'hymne des immortelles tendresses, et le ciel tout entier descend dans tes profondeurs avec le mirage éperdu des étoiles ! Et, devant la limpidité divine de tes eaux qui n'emportent que le reflet souriant de doux visages et l'image tremblante de la nue, les naufragés des humaines tempêtes s'arrêtent pour goûter de loin la fraîcheur sincère de tes flots !

Ainsi pensai-je au sortir du théâtre, tout au ravissement de ce conte d'Avril qui est comme un murmure d'Aurore derrière le rideau des grands arbres encore endormis sur le premier frisson d'ailes des oiseaux dans la rosée. Et, en même temps que je bénissais celui qui m'avait ramené vers l'immortelle source dont les rimes comptent les larmes, une grande rancune me montait à la gorge, avec des jurons contenus et des injures réprimées, contre cette immense sottise des entrepreneurs de spectacles qui n'ont pas encore compris que l'avilissement du goût public aurait un terme ou que c'en était fait de la scène parmi nous. La belle leçon pour ceux qui montent des féeries ineptes où sévit

Le Janus à deux fronts, l'hébété calembour,

comme l'appelait Chénier, où des ganaches séculaires ne promènent plus que des squelettes grinçant comme des girouettes rouillées sous la splendeur déguenillée des défroques de Seringuinos et d'Olibrius !... Un décor frais où passent un rayon matinal, les pourpoints de velours et les robes en brocart d'or des cavaliers chimériques et des princesses d'Illyrie. Un peu de l'âme de Shakespeare caressant les feuillages d'où s'envolent les ramiers, la musique d'amour d'une sérénade lointaine, la voix jeune et vibrante d'un poète épris d'idéal et de fantaisie... Eh ! mon Dieu, voilà tout ce qu'il faut pour faire écouter les caprices d'une idylle et ravir de bonnes gens à qui vient enfin la révolte d'être abêtis à plaisir !

A quand, maintenant, à l'Odéon, ce chef-d'œuvre de Théodore de Banville qui s'appelle *Florise* ?

INTIMITÉS

I

ANGE BOSANI

A peine eus-je reçu, au moment de son apparition, le curieux livre que vient de publier Émile Bergerat, sous ce titre : *Ours et Fours*, dont on aurait mauvaise grâce à contester la modestie, que, malgré moi et d'instinct, je fouillai, du couteau à papier, les deux volumes pour y trouver la pièce que nous avions autrefois écrite ensemble. Qui se souvient aujourd'hui d'*Ange Bosani*, si ce n'est lui et moi ? L'ouvrage fit cependant quelque train, il y a treize ans ; il défraya les feuilletons de toute une semaine, diversement jugé par les princes de la critique. Leur littérature n'a, d'ailleurs, pas plus duré que la nôtre. Je n'ai gardé de reconnaissance qu'à Oswald qui nous défendit avec infiniment de courage, et de rancune qu'au vieux bonze (j'ai oublié son nom, comme tout le monde) qui pontifiait à la *Patrie* et qui demanda avec instance qu'on nous déférât aux tribunaux. Bergerat et moi sur la paille humide pour avoir insinué qu'un homme comme une femme peut vivre de sa fatale beauté! M. Alexandre Dumas n'avait pas encore écrit *Monsieur Alphonse.* Dieu ne t'écouta pas, vieillard encourageant à la jeunesse ; tu en fus pour tes vœux insensés. Bergerat et moi nous continuâmes à humer, par trente-cinq degrés de chaleur, l'air vivifiant de la liberté.

Oui, en ce temps-là, l'hypothèse d'un gentilhomme sous-marin vivant de la libéralité des Néréides au front couronné de perles, semblait monstrueuse au théâtre. M. Musard avait cependant vécu, et Balzac avait immortalisé, d'un coup de fer rouge, M. Marneffe. Mais il paraissait qu'on dût abandonner à la vie et au roman ce personnage digne des respects de la scène. Il fallait laisser la vérité dans son puits et ne la pas aller déranger dans l'océan. La censure nous fut paternelle et se contenta de nous signaler le péril. — Pourquoi voulez-vous à toutes forces, nous disait l'excellent M. Hallay-Dabeau, que ce misérable ait ce défaut plutôt qu'un autre, de vivre aux dépens du mariage? Faites-en un maquignon au lieu d'un maq... autre chose. On peut être malhonnête en vendant des chevaux, et il n'est pas nécessaire de vendre spécialement sa femme pour mériter le mépris de la société.

Nous fûmes inflexibles dans notre erreur.

Quant à M. Carvalho, qui dirigeait alors le Vaudeville, il était, en ce temps-là, pour toutes les audaces. D'ailleurs, on était en pleine canicule ; plus un Parisien dans Paris, et le public cosmopolite sur lequel on pouvait compter, n'entendant pas un mot de français, ne risquait pas d'être scandalisé. Il croirait assister peut-être à *la Grâce de Dieu*.

C'est un monde d'impressions nouvelles pour moi que j'évoque. Bergerat avait eu déjà une pièce en vers jouée à la Comédie-Française et quatre actes reçus au même Vaudeville. Mais moi, j'allais être représenté pour la première fois. Tout m'était inconnu dans le monde vers lequel me traînait la main d'un ami. Dante n'eut pas un plus grand émoi en profanant le seuil interdit de l'Enfer que moi en descendant à la première répétition. Je n'avais jamais vu les coulisses d'un théâtre. J'avoue que j'en reçus une désillusion dont je ne suis pas guéri. Eh quoi ! c'était entre ces ignobles charpentes, dans ces cartonnages ridicules renfloués avec de vieux journaux, que le génie des décorateurs avait fait descendre, au temps de l'*Arlésienne*, le soleil enflammé de Provence et ces couchants infinis sur les marais de la Camargue ! C'est là qu'avaient alterné, dans un immortel duo, les âmes d'Alphonse Daudet et de Bizet ! L'enfer dantesque avait au moins quelque grandeur, et Virgile y parlait une langue ne ressemblant à celle des machinistes que de fort loin. Ce désenchantement me hante encore, et j'ai gardé une horreur des planches qui suffirait à prouver que je n'étais pas né homme de théâtre.

En revanche, les acteurs me plurent infiniment. Je trouvais la morgue si naturelle à des hommes ayant le privilège de s'habiller en demi-dieux et en héros ! Mais ils furent bienveillants au possible, rapidement familiers même, et je n'étais pas médiocrement flatté de cette condescendance à mon endroit. Abel nous tutoyait, et Abel était resté pour moi le Frédéric de l'*Arlésienne*. Il m'arrivait de chercher sur son épaule la trace des larmes tragiques de Mlle Fargueil.

Flaubert, lui, admira tout d'abord l'intelligence des comédiens. Je le rencontrai plus tard pendant qu'on répétait le *Candidat* au même théâtre : — Ces gens sont prodigieux vraiment, me dit-il. Nous n'en sommes qu'à la troisième répétition en scène et il y en a déjà qui font des gestes !

Moi, c'était leur aménité qui m'avait enthousiasmé.

Et les actrices ! Aucune désillusion non plus de ce côté. Je vous assure que Mlle Massin, alors dans tout son éclat, était aussi belle le jour, dans le demi-deshabillé du théâtre, que sous ses plus fastueux costumes. Mlle Antonine portait merveilleusement la toilette de ville, et l'ombre charmante de la pauvre Hortense Neveu traverse encore quelquefois ma mémoire. Une femme qui a vraiment de la beauté en a partout, et il n'y a que les imbéciles pour la trouver plus belle quand elle a refait son visage.

Ma jeunesse s'était passée tout entière dans les deux milieux également austères du foyer paternel et d'une école militaire. Depuis, j'avais traversé la bohême, mais soulevé toujours assez haut par un amour religieux et absolu de la Femme, pour n'y crotter que mes pieds et garder mon cœur de ses fanges. J'étais, au demeurant, un innocent ayant aimé à tort et à travers et dont l'idéal avait rayonné même dans les antres abjects de la débauche. Je croyais à un monde quelquefois malpropre, mais toujours bon enfant, manquant de vertu, mais tout à fait loyal, où l'on avait besoin d'être bien botté pour ne pas se salir les jambes, mais non pas toujours armé pour défendre sa poitrine. Je n'ai pas rencontré depuis un jobard comparable à moi.

C'est vous dire qu'un monde de surprises m'attendait au théâtre. J'y vis, à mon grand scandale, des gens se serrer la main et parler ensuite fort mal l'un de l'autre. Il est probable que j'avais déjà été dans maint endroit où les choses ne se passaient pas autrement, mais je ne m'en étais pas aperçu. Là c'était flagrant. Il me parut aussi qu'il ne fallait pas toujours prendre pour argent comptant les compliments des directeurs. Mais je n'ai gardé rancune ni à ceux-ci ni aux comédiens de l'utile leçon qu'il m'ont donnée. Ils étaient plus en situation que personne pour exercer, sur un naïf de ma sorte, ce professorat nécessaire, puisque leur profession même les force souvent (c'est des acteurs seulement que je parle) à exprimer une pensée qui n'est pas la leur. C'est une habitude qu'ils prennent, et voilà tout.

Quant à la malveillance, un peu jalouse quelquefois, qu'ils se témoignent à distance, elle a pour circonstance atténuante la lutte pour la vie, dans une carrière où celle-ci est plus âpre que dans aucune autre. Car le temps est là qui les guette, leur apportant, sur une de ses ailes, les déceptions de l'âge, et, sur l'autre, les tristesses de l'oubli. Il leur faut triompher vite, s'ils veulent triompher quelque temps avant de disparaître. C'est d'ailleurs bien plutôt un travers de notre époque hâtive que de leur profession. Si d'ailleurs leur langue est quelquefois perfide, j'ai vu leur main généreuse. S'ils prêtent souvent à leurs camarades des ridicules qu'ils n'ont pas, il savent toujours leur donner aussi le pain qui leur manque. C'est une raison pour qu'il leur soit beaucoup pardonné, même ce grand amour du bruit et de la gloriole, lequel ne peut gêner que ceux qui voudraient, pour eux-mêmes, la gloriole et le bruit, sans avoir la même excuse, celle de ne vivre que de renommée et d'applaudissements.

On a attaqué les comédiens avec trop de passion dans ces derniers temps, pour que je n'en dise pas mon opinion en toute sincérité. Ceux du théâtre valent mieux que ceux de la vie.

Te rappelles-tu, mon cher Bergerat, qu'à la première d'*Ange Bosani* nous crûmes à une grande victoire ? On avait rappelé à tous les actes, et la toile était tombée, pour la dernière fois, sur de furieux applaudissements. M. Carvalho nous embrassa avec effusion. Nous embrassâmes nos interprètes avec plus d'effusion encore. J'embrassai même, par-dessus le marché, Mlle Massin qui n'était pas de la pièce, et Mlle Hortense Neveu qui n'en était pas davantage. Je me voyais héritier de la renommée de Scribe, alors dans toute sa fleur. Toi, je te concédais celle de Beaumarchais qui n'avait d'ailleurs certainement pas plus d'esprit que toi. Vingt représentations, mon vieux, et une suprême gloire sur laquelle nous n'avions pas compté ni l'un ni l'autre, celle de réaliser la plus petite recette qui ait jamais été faite au Vaudeville depuis sa fondation. Il est certain que si des maris indélicats avaient vendu leur femme ce jour-là, ça n'avait pas été pour venir voir notre pièce.

II

LE SOUPER D'HERNANI

Une fois encore je me suis assis à la grande table que présidait l'aïeul, dominant des neiges de son front nos têtes recueillies, semblable aux pics glorieux qui font les collines sensibles à peine. Une fois encore j'ai entendu la voix dont l'écho dira aux âges la grandeur du siècle aboli et l'honneur des jours qui furent les nôtres. Ce fut comme une halte dans l'agitation des heures présentes, comme une trêve aux combats journaliers, comme un souffle de sérénité sur nos effarements. Toutes les querelles étaient oubliées tous les dissentiments évanouis devant ce beau vieillard qui tendait à tous les mêmes mains qui ne tremblent pas et dont le regard calme nous enveloppait d'un rayon doux et clair comme ceux de la lune. J'ai pensé à ces magnifiques soirs d'été qui ne permettent plus la haine à l'âme humaine et l'emplissent d'impitoyables pardons pour tout ce qui respire, à ces soirs dont le silence et les parfums, l'ombre lumineuse et la mystérieuse paix imposent l'amour. Nous étions tous si petits devant ce géant, si humbles devant cette gloire, si pétris de néant devant ce verbe immortel ! Il ne nous eût plus manqué que d'être mauvais devant cette immense bonté ! Combien se sont retrouvés frères, dans cette famille d'une heure, qui avaient oublié le chemin des communes joies et des premières espérances ! Te rappelles-tu, Daudet, nos promenades en Seine, dans ton bateau l'*Arlésienne*, et les roseaux qui nous chantaient, à nous tout seuls, les chères chansons du Midi, avec leur petit bruissement de cigales à peine éveillées !

Victor Hugo ! Qui m'eût dit que je le verrais un jour, quand, enfant, j'emplissais mes yeux d'images éblouissantes et mes oreilles de musiques inouïes à me redire à moi-même ses vers ! Ses rythmes berçaient dans ma pensée la figure auguste d'un porteur de lyre, contemporain du monde comme Homère. Ce qui est fait pour l'immortalité n'est d'aucun temps, et, devant toujours être, semble avoir toujours été. Je ne comprenais pas qu'il y ait eu une poésie française sans ce poète. J'appris que Victor Hugo était un homme de mon temps en apprenant son exil. Je me dis qu'il emportait avec lui le cœur même de la patrie. Mais toute curiosité me semblait indiscrète vis-à-vis d'un être si fort au-dessus du reste de l'humanité, et j'avais surtout horreur d'en entendre parler par ceux-ci et ceux-là, estimant qu'il y avait une familiarité outre-cuidante à mêler son grand nom aux banalités d'une conversation. Plus tard, George Sand et Théophile Gautier me parurent seuls dignes de le prononcer souvent et à propos des choses de sa vie; je les écoutais avec d'autant plus de joie que leur génie semblait prendre plaisir à s'humilier devant le sien. Le parc de Nohant, aussi bien que le jardin de Neuilly, était plein d'autels invisibles au dieu dont de tels écrivains s'honoraient d'être les prêtres! Cet hommage de tels maîtres faisait plus lointain encore des stériles humilités de mon culte celui qui en était l'objet.

On se fait souvent malaisément l'image d'un homme en lisant ses écrits. Je ne crois pas cependant aux désillusions absolues en cette matière, surtout lorsqu'il s'agit de poètes. Un farceur eut essayé un instant de me faire prendre même l'Apollon de la bourgeoisie pour Théodore de Banville ou pour Leconte de Lisle qu'il y eût certainement perdu son temps. Le portrait de Victor go était partout, même sous l'Empire. Eh bien ! je n'en étais pas plus curieux que des bavardages des sots à son endroit. Je m'étais fait, à moi-même et dans mon esprit, un Victor Hugo dont je ne voulais pas démordre. Ce n'était pas le jeune homme au front proéminent, à la crinière léonine, aux yeux sombres et roulant encore les colères de la lutte, que la gravure avait popularisé. C'était un Victor Hugo d'une olympienne sérénité, portant en soi l'invincible majesté de la victoire, déjà fort de la consécration pressentie, conscient de sa gloire et en demandant le pardon à la Bonté. C'était bien le

Génie entré vivant dans l'immortalité !

de Banville. Eh bien ! je n'avais pas rêvé si fort que cela et quand, au souper de la centième représentation de *Hernani*, je me suis trouvé, pour la première fois, tremblant devant ce maître de nos maîtres, à nous les faiseurs de vers, sitôt que mon regard s'osa lever vers lui, il donna raison à mon imagination. N'est-ce pas déjà le Paros immortel qui, aux blancheurs de la barbe et des cheveux, réclame cet auguste visage ? Il me sembla que l'humanité tout entière vivait dans la profondeur humide de ce regard, lointain comme ceux des marins qu'attirent sans cesse les horizons infinis !

Tel je l'ai revu une fois encore, dans ces mêmes fonctions d'hôte qu'il remplit avec une grandeur antique, souriant, toujours le même, à nous vieillis par quelques années. Une jeune femme était à son bras, cette Bartet, dont le talent est le plus touchant qui soit au théâtre, — car il est fait de vraies tendresses et de réelles chastetés, — et c'était un spectacle d'une émotion singulière que cette grâce appuyée sur cette grandeur, que ce charme enlacé à cette force ! Devant eux s'écartait la foule, respectueuse à ces deux choses, les seules qui soient sacrées en ce monde : chez l'homme, le génie, chez la femme, la beauté. O les misérables objets qui, sans cesse, nous distraient de ces deux formes de l'Idéal dont la contemplation devrait emplir une vie mieux faite! Car ce n'est pas vivre que de vivre en dehors de ce noble souci. Ce qui fera Victor Hugo immortellement glorieux, c'est de n'en avoir guère connu d'autre et d'avoir marché, comme les Mages, les yeux toujours levés vers l'Etoile, le front perdu dans le rêve qui, comme les nuées célestes, ne se rencontre qu'aux sommets!

III

TOILES DE FOND

Depuis plusieurs mois déjà que le caprice du destin me fait vivre, quatre heures par jour, sur la scène du plus glorieux théâtre du monde, je dois avouer que ma pensée n'est pas demeurée constamment fidèle aux savants travaux qui y préparent le spectacle dès longtemps annoncé. Le génie des répétitions est particulier aux vrais auteurs dramatiques, et on m'assure que M. Sardou le possède à un plus haut point encore que le génie littéraire, ce qui ne me surprend pas. En revanche, on trouverait difficilement, je crois, un homme à qui il manque plus complètement qu'à moi. La fièvre de la mise en scène tente en vain de secouer mes artères. Insensible à la joie d'entendre redire mes vers sur des airs nouveaux par les plus célèbres chanteurs de ce temps, je ne suis pas plus tôt assis devant le trou du souffleur que, par cette ouverture sans doute, mille imaginations vagabondes me montent au cerveau, m'enveloppent, m'obsèdent et m'emportent loin du monde fermé de portants ou s'agitent les interprètes de mon poème. Cette fausse lumière des herses pendues au dédale des combles me met, malgré moi, dans une atmosphère de rêve; mais ce sont surtout les toiles du fond faisant passer devant mes yeux leurs horizons artificiels, à qui je dois mes plus beaux voyages au pays des songes creux et des souvenirs. Elles changent constamment puisque, jusqu'à la pose des véritables décors de la pièce répétée, elles n'ont d'autre but que de clore la scène, et sont placées là au hasard par les machinistes, à moins qu'elles n'aient servi au dernier spectacle ou ne doivent servir au prochain. Plus le sujet que les décorateurs y ont traité s'adapte mal à la pièce qui devrait seule m'occuper, plus je me trouve à l'aise pour me fuir moi-même, ce qui m'a toujours paru une délicate occupation, ma propre compagnie ayant le don de m'ennuyer beaucoup.

Ces murailles fortifiées qui s'enfoncent dans un ciel poudré d'argent par la nuit et que dominent les hauts arbres se profilant en noir sur l'azur viennent du *Tribut de Zamora*. Pour moi elles n'en représentent pas moins Avignon et elles me font revivre une des belles soirées de ma jeunesse. Celle que j'aimais alors m'avait rejoint là, parmi les terreurs d'une de ces fuites à deux dont chaque minute est une émotion. Nous nous étions cachés tout le jour dans l'ombre douce d'une chambre d'auberge, douce et pleine de baisers, sachant bien que nous ne rencontrerions personne qui nous pût trahir dans cette ville inconnue, mais exagérant le mystère pour faire plus complète notre solitude. Le soir venu, lentement nous avions osé sortir, et, suivant cette petite rue de la Tarasque que ses platanes transforment en un véritable portique, nous avions gagné les fortifications extérieures, la campagne que le Rhône, brillant à la lune comme une épée nue, semblait couper en deux tronçons, le grand paysage qu'interrompt un pont brisé comme un point d'interrogation jeté sur le ciel. Je vivrais cent ans (ce dont le ciel me garde!) que cette nuit-là ne sortirait jamais de ma mémoire, elle, ni ses chants de cigale qui faisaient de chacun des buissons une lyre, ni ses étoiles tremblantes dans le fleuve au bruit lointain, ni ses parfums roulés dans l'air par une brise tiède, ni celle qui m'y pressait le bras, silencieuse, attentive, l'âme aux lèvres et collée à mon âme. Je n'avais pas revu Avignon depuis ce temps-là; mais je le retrouve devant moi, et plus en moi encore, chaque fois que ce fond de décor est celui qui me ferme l'horizon. Alors je n'entends plus les belles voix qui me chantent, mais bien les cigales, la brise, le bruit de l'eau et je ne sais quelle plainte qui se croit injustement oubliée.

De hautes maisons aux toits pointus, avec des solives de bois qui en traversent l'architecture, des ouvertures en ogive, le gothique mélancolique du Nord, et tout cela dans un brouillard bleu traversé de bandes d'or pâle par le soleil. C'est le coin de rue qu'on voit de la fenêtre de Marguerite, dans *Faust*. C'est du moins ce qu'on essaye de faire croire aux populations accourues pour entendre le chef-d'œuvre de Gounod. Mais je ne suis pas de ces gobe-mouches et je reconnais fort bien Arras. C'est que j'aurais pu y tenir garnison si j'étais demeuré dans l'arme savante du génie. Vous voyez bien ça, il n'y a pas à me tromper. C'est Arras, vous dis-je, Arras après une ondée à travers laquelle je le vis. Nous nous étions arrêtés là par une curiosité de flâneurs; mais il plut à peu près toute la journée. Ah! la bonne pluie! Le temps ne nous dura guère dans l'hôtel où nous nous étions réfugiés, et le bruit de l'averse sur les vitres nous parut bientôt la plus délicieuse musique du monde. Ce que c'est que de s'aimer! Il y a eu des instants où j'aurais volontiers supprimé la nature pour ne rien distraire de ma contemplation toute aux beautés de la Femme, où j'aurais voulu isoler le corps auquel s'acharnait mon désir, dans je ne sais quel monde impalpable, invisible, où rien ne l'aurait contemplé et touché que moi! Le prêtre est jaloux de son Dieu et tout est profanation pour ce qu'on adore. Il me sembla, ce jour-là, que mon rêve était réalisé, tant nous nous sentions loin et du ciel aux humides colères et des rues pleines de clapotements, et de cette maison même, et de ce lit anonyme qui nous enveloppait dans la blancheur douteuse de ses rideaux et nous séparait du reste de l'univers! Il y a des années de cela, bien des années. Ce sera cependant demain encore, si cette toile est replacée sous mes yeux. Mais qui me rendra la belle amie rieuse, dont les dents blanches ont laissé une inguérissable morsure dans mon cœur !

Ainsi je vagabonde, tandis que mes collaborateurs, plus consciencieux que moi, sont tout à la perfection de leur œuvre et à l'enfantement de notre rejeton commun. Je me promène dans les jardins de l'Alcazar, délices des Rois Maures, ou bien je vais acheter un joujou dans la maison de Coppelius, à moins que je n'explore les vallons de l'Helvétie, ou que je ne poursuive, sous l'ombre même de Notre-Dame, quelque huguenot égaré dans la Saint-Barthélemy. Ainsi je m'abandonne à cette mer des souvenirs dont chaque vague est enlaçante comme un corps de femme et me tend les caresses lointaines des maîtresses d'antan. Car je ne me souviens guère d'autre chose que d'avoir aimé, n'ayant eu d'autre ambition dans la vie. Cependant, le temps vient qui ne me la permettra plus et où l'amour ne vivra, pour moi, que dans des images pareilles à des toiles de fond où ma pensée errante retrouve le vestige des tendresses passées et le parfum des bonheurs évanouis.

IV

COIN DE SALON

C'est à Jeanne Thilda que j'ai dû de connaître ce Parisien exquis, ce galant homme, dans le sens vraiment noble du mot, ce merveilleux causeur qui vient de s'éteindre, emportant avec lui les dernières traditions d'un monde certainement mieux élevé que le nôtre. M. Dumont de Montcelz était un de ses plus anciens amis, et notre admiration commune pour la femme poète fut un premier lien entre nous, fait, de mon côté, de sympathie pleine de respect et, du sien, de bienveillance pleine d'affabilité. Physionomie charmante que celle de ce viveur sur le retour, de ce philosophe aimable qui aimait encore la vie sans en rien regretter, de cet homme souriant, plein de souvenirs. Rien de banal dans sa façon de sentir : indulgent et exclusif, à sa façon, dans ses relations, ce vrai sage avait le culte de ses amitiés anciennes, et je sentis profondément l'honneur qu'il me faisait en m'admettant dans le petit cénacle choisi où la qualité des élus remplaçait le nombre. Car, ainsi que l'a dit Baudelaire, c'est le petit nombre des élus qui fait le paradis. Dans le petit appartement de garçon qu'il occupait rue Cambon, il savait recevoir avec une courtoisie qui sentait de cent lieues le vrai gentilhomme et faisait ses invitations plus enviées que celles des chefs d'État. Du grand luxe d'autrefois, il avait gardé une cave incomparable, et c'était fête, pour ses quelques convives, quand il débouchait un de ces *magnums* antiques contenant dix des mesquines bouteilles d'aujourd'hui et qu'il fallait vider en un repas. Car c'eût été un sacrilège de livrer aux aigres morsures de l'air les restes d'un vin digne des tables olympiennes. C'est chez lui que j'appris qu'il y avait un art de manger et de boire et que cet art comportait des délicatesses inconnues aux gloutons plus encore qu'aux gens de sobre régime dont je suis. Quel goût dans ce petit décor de deux ou trois pièces aux murailles décorées de miniatures précieuses et où tout montrait un homme religieux de tout ce qui vient des ancêtres, dans un temps où les autres revendiqueraient volontiers la gloire d'être nés sous des choux!

Toujours les mêmes, ces convives, et Dieu merci !
Jeanne Thilda qui était l'âme de ces agapes *select*,
comme on dit maintenant des fêtes où tout le
monde ne se tutoye pas au dessert. M. Duclerc,
souvent ministre, mince, blanc, l'air d'un huguenot et rappelant le beau type de Marcel; Isidore
Salles, un vrai poète, qui daigna faire jadis de l'ad-
ministration. C'était certes assez pour que la conversation fût nourrie de choses intéressantes et spi-
rituelles, et pour que le noble fleuve pourpré, qui
coulait du *magnum* ouvert, s'épanchât entre deux
rives où sonnait la belle chanson du rire. Une fois,
cependant, on annonça un hôte de plus : Gambetta.

J'avouerai que j'hésitai beaucoup à venir. Non
pas que le dictateur de la Défense nationale m'ins-
pirât le moindre sentiment mauvais. C'était, au contraire, le seul des maîtres du jour contre lequel ne
s'élevât, en moi, ni défiance, ni dégoût. Je croyais
à son fervent amour de la Patrie; je m'indignais
contre les calomnies basses dont il était l'objet et
dont la mort, en exaltant sa pauvreté, a fait justice;
je le savais dévoué aux choses de l'art et de la
pensée, les seules qui m'intéressent au monde.
Enfin, nous avions beaucoup d'amis communs
dont le jugement faisait foi et qui m'en avaient
parlé avec un enthousiasme convaincu. J'aurais
donc dû le connaître depuis longtemps, mais
j'en avais fui les occasions avec un soin jaloux
qu'il me faut bien expliquer par une façon d'être

générale, aucun motif personnel ne le justifiant. Que voulez-vous ! J'ai une invincible horreur des hommes politiques, ou, tout au moins, de leur société. Tel de mes plus chers camarades d'Ecole polytechnique me demandait, à notre dernier dîner de promotion, pourquoi il ne me voyait plus. Et je lui répondis tout simplement : Parce que tu es ministre. C'est effroyable un homme qui, lorsque vous allez la main tendue vers lui, peut se dire : il va me demander quelque chose ! Oh ! celui-là devient immédiatement mon ennemi. Il a, pour moi, la peste. Il n'est pas, sur ma route, de trottoir assez lointain de celui qu'il foule.

Et cependant la curiosité de voir de près le héros d'une légende qui n'est pas sans gloire l'emporta, et j'acceptai.

Je subis peu la séduction des hommes. C'est la seule fois, je crois, où j'aie été immédiatement vaincu. Je sentis la fraternité du sang latin couler dans mes veines. Il y avait aussi du Gaulois dans cet homme. Un de ses grands-pères était Virgile et l'autre Rabelais. Le sans-façon même vous avait chez lui une grandeur dont la cordialité s'imposait. Certes, j'avais eu raison de ne le jamais confondre, dans ma pensée, avec les aigrefins du monde officiel contemporain, avec les habiles du parlementarisme et les sangsues de cabinet. D'ailleurs, j'oubliai bien vite l'homme de pouvoir pour m'abandonner au charme dont le causeur imprégnait ses moindres paroles. Il était tout à la fois très nourri de sève antique et d'un modernisme étincelant, bucolique et boulevardier, toujours et avant tout poète par la justesse et l'imprévu des images. Comme on sentait bien, dans sa haine pour l'Allemagne, une révolte de race, la colère du soleil contre les nuées, où ne flottent que des fantômes. Il donna son impression sur nombre d'écrivains de l'époque, en deux mots quelquefois enthousiastes, souvent si mordants, dans leur justesse, que je n'oserais pas les répéter. Un instant seulement il revint aux choses de l'Etat pour dire comment il comprenait le rôle de protection de celui-ci vis-à-vis des écrivains et des artistes. Inutile de dire qu'il le comprenait, comme l'eût pu faire un Médicis, avec un dévouement magnifique à toutes les œuvres de la pensée. Je l'écoutai avec d'autant plus d'attention qu'il ne me convainquit pas et que je continuai à penser que si ce peut être un honneur pour l'Etat d'encourager les lettres, ce n'en est jamais un pour celles-ci d'en recevoir des encouragements. Leur domaine est certainement plus haut qu'atteignent les faveurs des ministères, et leur fierté passe fort au-dessus de l'opinion des élus du suffrage universel. Il n'en soutint pas moins sa thèse avec une chaleur d'éloquence telle et quelque chose de si vibrant dans tout l'être, que je me fus profondément reconnaissant de tant aimer ce qui seul en vaut la peine. Je vous dis que ces heures passèrent comme un rêve et que je le revois encore, à demi-étendu sur le canapé, un cigare aux lèvres, si vivant dans l'inertie précoce de son embonpoint, pareil à une flamme dont l'envolée est captive du tison qui la dégage, âme éperdue de chaleur et de clarté emprisonnée dans la matière, admirable à contempler par l'étincellement du regard et les frissons de cette crinière déjà presque blanche, qu'il secouait sur ses épaules en parlant.

Après tant de soirées charmantes par leur intimité si bien entendue, je dus, cette fois-là, à M. Dumont de Montcelz un trésor d'impérissables souvenirs, le culte d'une mémoire que je défendrai de toutes les fidélités de mon cœur.

Elle eut pour épilogue, cette inoubliable soirée, une lettre de Gambetta que je reçus deux jours après. Je n'en citerai que les dernières lignes, et les voici : « Je veux que vous soyez mon ami et je vous demande de me donner l'occasion de vous prouver que je suis le vôtre... » Je les cite pour montrer avec quelle cordialité soudaine s'affirmaient ses sympathies, et aussi parce qu'elle me justifiait vis-à-vis de moi-même de n'avoir pu répondre avec l'empressement qu'elles méritaient. Comment dire à un homme poliment : Certes, je veux bien être votre ami, mais pas du tout votre obligé... ? Je serrai le précieux autographe, avec une réelle tendresse, parmi mes lettres les plus chères, et tout fut dit.

Je ne l'avais pas cependant oublié, lui, le charmeur, lui, le grand citoyen, lui, l'éclat de ses heures si vite passées ! Comme Musset a eu raison d'écrire ce vers :

Mais une larme tombe et ne se trompe pas !

Des larmes me montèrent aux yeux en apprenant, un an après, la mort de la mère de cet homme que je n'avais vu qu'une fois ! Alors seulement je lui répondis ; je lui renvoyai ces vers écrits à la hâte, douloureusement, plus émus que faits vraiment :

Un souci douloureux, fraternel, attendri,
Fait mien ton désespoir et vers toi me ramène.
Car du coup qui t'atteint tout cœur d'homme est meurtri,
Et tu touches au fond de la douleur humaine !

O toi que j'admirais, aujourd'hui je te plains !
Si sa main contre tous est également sûre,
L'impitoyable Loi qui fait les orphelins
Au cœur qu'elle a blessé mesure la blessure.

D'être plus grand le tien n'en doit que plus souffrir.
Heureux ceux dont la peine au vent léger s'envole !
Il te faudra chercher plus haut, pour en guérir,
Qu'où vont se consolant ceux que l'oubli console,

Un mâle sentiment te peut seul relever,
Pour la Patrie en deuil ta tendresse fut telle
Que, dans ton cœur viril, tu sauras retrouver,
Pour ta mère qui meurt, une mère immortelle !

19 juillet 1882.

Pardonne-moi, lecteur, de m'être attardé à ces souvenirs mélancoliques, ô toi qui ne cherches guère mon nom qu'au bas de joyeuses histoires. Une fois n'est pas coutume. J'ai ordinairement l'orgueil de garder pour moi la tristesse de ma pensée. Mais je voulais dire adieu à cet aimable Dumont de Montcelz qui demeure pour moi le type des hommes parmi lesquels j'eusse aimé à vivre, dans des temps moins abjects, et qui l'avait compris sans doute en m'accueillant avec une si flatteuse bonté parmi ses rares amis. Il y avait un devoir pour moi dans l'hommage rendu à cette mémoire, et je devais bien ce compliment de condoléance à celle par qui j'avais connu ce vrai gentilhomme et qui pleure en lui le plus respectueux et le plus fidèle de ses admirateurs.

V

DOMINICA

Le long des rives, le brouhaha ordinaire du dimanche pendant la belle saison. Le fleuve, légèrement gonflé déjà par les pluies de ces derniers jours, a perdu ses limpidités azurées et des filets de rouille courent déjà le long des verdures moins sombres dont les îlots profondément boisés plongent l'image tremblante dans l'eau. Celle-ci court sous des miroitements d'argent plus vifs accusant, en longues traînées scintillantes, les souffles plus rapides dont sa surface est balayée. Les hirondelles s'appellent en volant, égratignant du bout noir de leur aile la bordure écumeuse des berges. Allons! malgré la tiédeur menteuse de l'air, c'est le pied chaussé d'or de l'Automne qui se pose là-bas sur les fausses montagnes bleues que dessine la retraite des nuages vers le couchant. Les canotiers clament ferme la dernière joie des courses en yole, sachant que bientôt les soufflets du vent embarqueront des paquets dans leurs légers bateaux ; les belles filles qui ne remettront plus guère leurs toilettes d'été les arborent avec les indifférences superbes qu'ont les femmes pour les chiffons ou pour les amants qu'elles vont quitter, cheveux à l'air, et flottants, comme des cavales qui se grisent d'air. Et partout c'est une hâte de ne rien perdre de ces jours de grâce qui sont comme l'adieu fleuri de l'année à son déclin. Tout le petit monde qui vit des promeneurs hebdomadaires les écorche avec une rapacité exaspérée. Le client s'insurge, mais paie et, au printemps à venir, il aura oublié ! Car ils sont bons enfants comme tous ces dimanches de banlieue chers à la famille Prud'homme qui y promène des poulets froids et des jambonneaux achetés à Paris, comme à la jeunesse bohème qui y trinque avec des argenteuils et des suresnes qui eussent épouvanté le palais pourtant aguerri de Jules César.

Nous fuyons scrupuleusement la façon de petit port où se fait tout ce vacarme et nous suivons la rivière où de paisibles citoyens baignent leurs chiens, tandis que, dans les herbes, au-dessous de soi, on entend les jurons des pêcheurs dont on effarouche les vivantes fritures. C'est, de plus en plus, la campagne avec ses bruits qui semblent toujours lointains, sa monotonie qui n'est pas sans charme, sa solitude des grèves d'où s'éloigne la vie bruyante dans le reflux qui remonte vers la grande ville montueuse au loin comme une mer. Involontairement, mon compagnon et moi, nous nous faisons complices de ce recueillement et nous marchons sans nous parler dans la fumée bleue de nos pipes. Un pas rapide aiguillonne souvent la rêverie et l'isole pour ainsi parler. Comme un raffinement de mélancolie, notre unique rencontre est un troupeau de petites filles marchant deux à deux avec un murmure de petites voix qui semble une plainte de roseaux, toutes pareilles sous leurs petits bonnets bleus, les plus grandes par derrière et celles-ci marchant avec les sœurs dont la robe épaisse secoue un cliquetis de chapelets. Ces pauvres êtres sans famille sont entrées dans la vie par la porte la plus déserte, celle qu'aucun jardin ne fleurit, et le chemin s'ouvre devant elles, ces orphelines qui passent, obscur et sans l'appel sonore des baisers qui sont un guide à l'oreille avant d'être un baume à la bouche. Cette vision disparaît d'ailleurs rapide dans les vapeurs qui montent de l'eau, balancées comme une voile sur le fleuve. Allons! c'est bien la robe de brume de l'Automne qui s'effiloche et se déchire en dentelles aux cîmes des arbres aiguës bientôt comme des buissons d'épines. Un village est là, au tournant, dont les cloches s'époumonnent pour annoncer la fin de vêpres, et par le porche grand ouvert de l'église un coin de procession nous apparaît dans la lumière fausse que tamisent les vitraux. Un coin de mon enfance aussi passe devant mes yeux.

>
> Dans la lumière jaune et tremblante des cierges,
> Sous le brouillard d'encens qui fait les airs plus lourds,
> Entre les piliers blancs passe le chœur des vierges,
> Après le prêtre d'or et le dais de velours.
>
> Ils suivent, en chantant, leur route où rien ne bouge ;
> L'orgue gémit, lointain comme un souffle du soir ;
> Et la clochette tinte aux doigts de l'enfant rouge,
> Inclinant tous les fronts sous le large ostensoir.
>
> Devant le faux soleil où rayonnait l'hostie,
> J'ai prié, tout enfant, et j'ai baisé la croix :
> Dans mon cœur, d'où la foi chrétienne est partie,
> J'ai gardé la fierté de servir qui je crois !
>
> Oui, j'ai cru jusqu'au jour où la science amère
> Me vint d'avoir prié sous d'injustes douleurs.
> Bien avant la raison, dans son linceul, ma mère
> Sur le néant des dieux ouvrit mes yeux en pleurs.
>
> Pourtant je te revois, pieux et sans colère,
> Eglise dont les seuils ont oublié mes pas !
> Et si je ne crois plus à ton Dieu tutélaire,
> D'avoir rêvé du ciel je ne me repens pas !

Ainsi, dirais-je encore des choses de l'amour qui, lui aussi, est un rêve du ciel! Je ne comprends rien à ceux qui se plaignent des tortures qui leur sont venues de la femme, Musset tout le premier qui ne m'émeut qu'à force d'être sublime dans l'expression. Que serait la vie sans ce torrent de désirs et de souffrances qui épure l'âme comme l'eau rapide qui rend brillantes et claires les pierres sans cesse secouées par son cours, tandis que le lit des eaux dormantes est souillé de lèpres moussues et de fange. Il y en a beaucoup qui pensent que, comme la foi des premiers âges, l'amour est une duperie. Heureux ceux qui sont dupés par ces erreurs sublimes! Sauf pour les mathématiciens dont le *desideratum* loge exclusivement au cerveau, la vérité ne joue qu'un rôle médiocre dans nos impressions et, pourvu qu'on croie, il importe fort peu à notre bonheur qu'une réalité ou une fiction soit l'objet de notre croyance. Pour ceux même qui n'estiment pas que toutes les religions se valent, ce qui est probable cependant, il est certain que les martyrs de toutes les religions trouvent les même joies farouches et surhumaines dans le sacrifice. Mais je reviens à la religion éternelle, à la seule toujours vivante, à l'amour: je ne vois pas que ceux qui en ont vécu aient jamais le droit de s'en plaindre. Car il n'est pas un homme de bonne foi qui ait préféré, même à ses martyres, la stupide tranquillité de ceux qui n'aiment pas. Il est une chose que la plus cruelle maîtresse, le plus perfide amant ne saurait jamais vous ravir : c'est la douceur des heures passées dans ses bras et dont le souvenir même est une immortelle joie autant qu'une immortelle douleur...

— Eh! compagnon! il me semble que nous sommes loin de la maison!

Sur le chemin que nous rebroussons la brume s'est épaissie et mêle une fraîcheur au calme profond de l'air. Allons! C'est bien le souffle de l'Automne qui emporte au pays où l'on se souvient l'haleine des dernières roses, honneur des jardins dominicaux.

VI

AMOURS ÉQUESTRES

Le gouvernement qui prétendrait m'empêcher d'aller à la foire au pain d'épice pourrait s'attendre, de ma part, à une agitation anarchique bien caractérisée. Dieu sait que je suis pourtant de débonnaire nature et peu enclin, par tempérament, aux manifestations dans la rue. Une seule fois sous l'Empire, je me laissai entraîner par un ami dans une de ces bagarres, pour y crier, par pure complaisance, d'ailleurs, je ne sais plus quelle saugrenuité libérale qu'il m'avait enseignée. Ah! mes enfants! A peine eus-je lâché cette sottise démocratique qu'un sergent de ville, pour me punir probablement d'être aussi peu convaincu, m'aplatit formidablement contre un mur, d'où il me sembla qu'on me détachait ensuite péniblement et avec précaution, comme une pomme cuite qui s'est affalée dans son gratin. Je me le tins pour dit. Mon ami, lui, n'avait attrapé aucun horion, mais sa fortune était déjà en bon chemin. Peut-être aussi n'avait-il pas crié la même billevesée républicaine que moi. Toujours est-il qu'il est député, et de ceux qui se moquent le mieux de leurs électeurs. Je viens de vous retracer, en quelques mots, toute ma carrière d'insurgé et de défenseur des libertés publiques. Vous voyez que je suis une façon de Barbès peu embêtante pour les ministères. Il ne faut pas cependant me pousser à bout, et le cabinet qui tenterait de me faire lire la *Revue des Deux-Mondes* ou de m'interdire l'accès de la place du Trône, pendant la quinzaine pascale, pourrait s'attendre, de ma part, à une foule de procédés dynamiteux. J'irais répandre les bruits de conversion et autres dans les groupes pour ruiner sa popularité. Je lui ferais toutes les saletés imaginables, jusqu'à ce qu'il tombât sous le mépris de mes concitoyens.

C'est que le retour des solennités foraines, dans le décor encore frileux du Printemps est, pour moi, comme le réveil des souvenirs les plus pittoresques de mon enfance. Il m'apporte comme une envolée des vieilles joies subitement rajeunies, délicieusement surannées, menteuses et charmantes au même point que ces soleils d'hiver qui, derrière la vitre où nous nous tenons chaudement, prennent des airs triomphants de canicule. Tout un monde évanoui de désirs fous, de joies impatientes, de curiosités insensées y flotte, pareil à ces paysages que dessinent, dans la fugitive rougeur des couchants, les caprices de la nuée. Comme les abeilles, je vole à cette musique de cuivre, et des gémissements bercent, dans l'air, mon rêve ailé. Je revois, sous la quadruple avenue de tilleuls qui en faisait la plus belle place de Corbeil, cette fête annuelle de la Saint-Spire, laquelle marqua pour moi, pendant dix ans au moins, une date autrement intéressante que les plus glorieuses de l'histoire. Tous mes vieux amis sont là, le borgne qui dirigeait le tir à l'arbalète, le marchand de pain d'épice d'Essonnes, renommé pour ses petits-cochons majestueusement développés en théorie, la grande bringue aux yeux vicieux qui tenait un jeu de macarons où le hasard était figuré par un petit bateau à vapeur clapotant dans de l'eau véritable, l'homme aux chevaux de bois peints en rouge clair et portant un petit balai en crinière, tout ce personnel fidèle qui m'apparaissait alors comme la crême de la société. Mais avant tout, au-dessus de tout, enveloppant tout le reste de son rayonnement, le cirque Loyal.

On m'eût dit, à cette époque, que les Montmorency s'estimaient d'aussi grande noblesse que l'incomparable famille dont je viens de prononcer le nom qu'on ne l'eût pas répété deux fois. J'aurais demandé d'abord à voir les Montmorency en maillot. Tous Loyal sur l'affiche! Pas une mésalliance! Comme aujourd'hui encore, au Cirque d'hiver, c'était un Loyal qui tenait royalement la chambrière. Des petits Loyal faisaient les galipètes traditionnelles et des demoiselles Loyal voltigeaient pudiquement sur des chevaux nus. L'aînée s'appelait Olive et je l'aimais passionnément. Elle était brune et dodue. Malgré la poussière dont on y est aveuglé, je ne manquais jamais de m'asseoir sur le banc du manège, de façon à ne rien perdre des indiscrétions de sa jupe de gaze que le vent de sa course soulevait par bouffées périodiques. Cet astronomique divertissement me jetait dans des langueurs infinies. Ce n'est pas à moi qu'il faut raconter que la lune n'est pas habitée. Un soir, le maillot de Mlle Olive fut encore plus indiscret que sa jupe... Je n'y puis songer sans un éblouissement. C'est d'elle que j'appris, à la fois, tout ce qu'a d'exquis le corps de la femme et le trésor d'indifférence que notre amour-propre prend pour de la férocité. Car, tandis que je me consumais à quelques pieds à peine au-dessous de son inutile fichu de mousseline, l'ingrate passait et repassait, triomphante, avec le même sourire gracieusement équestre sur les lèvres, effleurant du bout de ses petits souliers roses les écharpes de coutil rayé et les cerceaux entortillés de clinquant. Oui, ce fut elle qui, la première, me fit mesurer la distance entre l'orgueil de la beauté et l'impuissance vaincuc de nos désirs. A ce qui fut depuis ma vie amoureuse, je ne trouve pas encore de plus juste image que cette contemplation obstinée d'une femme s'approchant puis s'éloignant tour à tour, toujours la même en réalité, mais apparaissant sous des aspects sans cesse renouvelés, merveilleusement inconsciente du mouvement qui l'amène et l'emporte, s'y abandonnant avec une sorte de volupté sauvage et sans la moindre pitié pour le rêve de Tantale éternellement réveillé et trahi.

Oui, mademoiselle — madame sans doute. Car votre grâce était l'aînée de ma naïveté, et je ne trouverais plus de bonne aujourd'hui qui voulût me mener jouer aux Tuileries avec un petit cerceau sous le bras. Je suis trop galant, d'ailleurs, pour vous dire combien d'années enjambe mon amoureuse mémoire pour remonter jusqu'à ce souvenir. Sachez seulement que j'ai fièrement attendu pour vous faire cette déclaration tardive, ô délicieuse écuyère d'antan, rondelette personne qui m'avez ouvert la porte des géhennes du désir. J'y ai fait un terrible voyage d'où je sors grillé comme une demi-douzaine de saint Laurent (sans compter ceux de l'Ardèche). Mais je ne vous en veux pas, au contraire. Car c'est pour rêver encore à vous et évoquer cette vision également fatale à mon repos et à mes écus, que je me rue, chaque année, à toutes les fêtes foraines pour y voir passer, dans la poussière des pistes et le parfum du crottin, les petites demoiselles en maillot rose juchées sur de gros chevaux soufflants, et dont la jupe flotte, battue de l'air comme une cloche ou comme une tulipe, tantôt penchée, tantôt retroussée par le vent.

VII

LA STATUE

Dans un coin savamment mystérieux du grand parc dessiné par Le Nôtre, sous un dôme de hautes verdures soutenues par des troncs pareils aux colonnes d'un temple, en plein silence et isolée des larges avenues par où passait la gaieté des promeneurs, la femme de marbre toute nue rêvait, son carquois sur le dos, une façon de nymphe du temps de Houdon et dans le sentiment de son école. Était-ce un chef-d'œuvre? Il me semble bien me rappeler que non, mais je me souviens aussi que ce corps insensible avait d'étranges morbidesses et revêtait les couleurs rosées de la vie quand la lumière penchante du couchant le venait baiser, tamisée par l'épaisseur des feuillages. De sa nuque aux retroussis épais quelques mèches révoltées descendaient caresser, sur son épaule, la barbe immobile des flèches. L'image posait presque complètement sur une des jambes, l'autre étant détendue et légèrement relevée, si bien que la saillie d'une des hanches se développait dans une ferme abondance de chair et que le nombril oblique et plissé en accent circonflexe avait l'air d'une hirondelle lointaine s'enfonçant dans la blancheur des nues. On n'en prenait pas un soin religieux et, dans tous les replis de la pierre, de fines mousses avaient glissé leur velours, mais ces symptômes de vétusté et d'abandon n'étaient pas pour lui ôter rien de sa poésie.

Or, je venais passer, tous les ans, la première semaine d'octobre dans cette propriété magnifique qui, des hauteurs de Saint-Ouen, descendait alors jusqu'à la Seine; c'était la fin de mes vacances d'écolier, et mon père m'accompagnait dans cette dernière étape du repos chez un de ses plus anciens amis. J'imagine que tout cela est plus ou moins saccagé aujourd'hui et ne voudrais pas le revoir pour tout l'or du monde. La nymphe de marbre qu'il me plaisait d'appeler, en ce temps-là, Eucharys, ne vit peut-être plus que dans ma mémoire.

Mais je ne crois pas qu'elle s'en efface jamais. Car c'est à elle, je l'avoue, que remonte l'histoire de mes amours, j'entends de mes impressions vraiment voluptueuses et charnelles, et c'est à ses pieds que, adolescent brûlé d'inconscientes fièvres, j'ai connu les premiers frissons du désir. Certes j'avais eu de très vives tendresses pour de petites amies d'enfance, pour ma cousine Guillemette surtout, mais imprégnées d'une telle innocence et comme perdues dans un vague très doux. Ce n'était qu'une façon de bien-être profond que j'éprouvais auprès d'elles, au toucher de leurs habits, au son argentin de leur voix, quelque chose d'ardent et de pur et de chastement voilé sous les ailes blanches de l'âme. C'est que jamais, croyez-le bien, aucune de mes petites camarades, pas même Guillemette, ne m'était apparue dans le même costume qu'Eucharys. A celle-ci seulement je dus la perception des formes féminines dans leur splendeur devêtue, et ce me fut une source d'émotions nouvelles inoubliables et profondes. Tout ce qu'avait mis de païen en moi la Nature d'abord, qui ne m'a pas fait naître en mon temps véritable, puis l'âme des vieux poètes grecs et latins dont j'étais trempé jusqu'aux moelles se réveillait, en moi, devant cette idole; il me semblait que, dans mon souffle oppressé, brûlait l'encens des antiques sacrifices : comme des hymnes sacrés, les vers de Théocrite me montaient aux lèvres avec une musique mystérieuse et lointaine; et, dans les feuillages recueillis comme pour une résurrection, j'entendais frémir l'âme du vieux Pan, pleurer la plainte immortelle des naïades et passer le spectre de Narcisse au front couronné de fleurs alanguies. Tout m'était mythologie renaissante dans cet affolement de mes sens avivés par les détresses automnales, et mes flancs battaient autour de mon cœur en braise comme des soufflets qui en ravivaient le feu.

Dangereuse et puissante ivresse dont je m'enivrais longuement, sorti de grand matin, avant tout le monde, pour la venir goûter sous les regards impassibles, comme ceux du nénuphar à l'œil toujours grand ouvert sur le front tranquille des eaux, de la déesse de marbre, sous le sourire énigmatique de ses lèvres toujours froides, dans le mystérieux enveloppement de son attirante insensiblité! Et le soir aussi, échappé du lit où l'on me croyait depuis longtemps, je revenais la contempler dans l'apothéose d'argent fluide où la noyait la lune descendant pour elle, à travers une large échancrure des frondaisons, des profondeurs cœruléennes du zénith. Dans cette lumière mystique, Eucharis m'apparaissait plus belle encore, de larges clartés baignant la rondeur puissante de ses formes et de petites étoiles blanches s'allumant au sommet des flèches de son carquois. Et tout ce que la nuit met d'angoisses délicieuses aux âmes jeunes et vierges, tout ce que la langueur immortelle verse de doux et de sacré aux veines que n'a pas appesanties le sang fangeux de la débauche, je le sentais en moi impérieux et puissant dans cet anéantissement de mon être devant le spectre divin de la Beauté. Que de baisers perdus les brises déjà plus fraîches ont cueillis sur ma bouche! Je posai mon front brûlant sur le pied mousseux de la statue et j'aurais voulu en entrer les ongles dans ma chair.

Et mes premiers vers chantaient en moi. Ceux que Fromentin connut plus tard et qui me valurent l'amitié de George Sand.

> Les dieux ont fait de toi la naïade immobile
> Des lacs froids et profonds sous l'ombrage dormants,
> Où le choc des bois morts que l'automne mutile
> Seul éveille parfois quelques tressaillements.
> Les grands chênes, autour de cette onde tranquille,
> Tordent leurs bras avec de sourds gémissements.
> La bise les flagelle, et leur plainte inutile
> Semble de mon amour redire les tourments.
> Mon cœur est comme un chêne aux ramures plaintives
> Qu'un vent mystérieux flagelle sur tes rives,
> Beau lac d'amour qui dors un sommeil sans pitié.
> Et, durant que la ronce ensanglante mon pied,
> Un sourire, pareil aux nénuphars moroses,
> Seul fleurit sans baisers tes lèvres toujours closes.

Ainsi je me lamentais, bégayant encore la seule langue que j'eusse voulu parler jamais!

O souvenir des octobres d'antan que le souffle de l'octobre qui vient me rapporte, comme une feuille tombée des grands arbres du vieux parc de Saint-Ouen! De mes innocentes amours avec Eucharys il m'est demeuré une impression de la femme qui ne s'est jamais complètement effacée, et toute maîtresse a été, plus ou moins, pour moi, la statue mystérieuse que j'ai adorée d'un culte tout païen, l'image sacrée d'une déesse ayant revêtu les grâces mortelles de l'immortelle Beauté, un être aux pieds de qui j'ai rêvé plein de désirs et de terreurs, portant dans mon sein toutes les lâchetés d'un cœur d'esclave. Je n'ai jamais cherché sous leur front une pensée qui me semblait plus haute que les miennes et perdue peut-être dans les nimbes olympiens, non plus que je n'ai cherché dans leur poitrine les battements d'un cœur qui n'y était peut-être pas. J'ai vécu dans la contemplation sereine des formes, dans l'adoration quelquefois muette, souvent éperdue, du corps féminin en qui s'abîme tout ce qui m'est souvenir et espérance, le regret de la vie écoulée et la foi toute orientale en d'autres vies possibles dans une immortalité d'amours charnelles. Et mes vers d'à présent disent, comme ceux d'autrefois :

> Fleuris dans mon esprit, ô fleur de volupté,
> Fleur du rêve païen, fleur vivante et charnelle,
> Corps féminin qu'aux jours de l'Olympe enchanté,
> Un cygne enveloppa des blancheurs de son aile.

L'amour des cieux a fait chaste ta nudité :
Sous tes contours sacrés la fange maternelle
Revêt la dignité d'une chose éternelle,
Et, pour vivre à jamais, s'enferme en la Beauté.

C'est toi l'impérissable en ta splendeur altière,
Moule auguste où l'empreinte ennoblit la matière,
Où le marbre, fait chair, se façonne au baiser.

Car un Dieu, t'arrachant à la chaîne fragile
Des formes que la Mort ne cesse de briser,
A pétri, dans tes flancs, la gloire de l'argile !

VIII

MONSIEUR PACAUD

J'y fais un dernier voyage, à ce charmant pays du passé.

Extremum hunc, Arethusa, mihi concede laborem.

J'ai pour excuse, à ce goût désordonné pour les pèlerinages, mon âge d'abord, qui n'est plus celui des godelureaux qui entrent dans la vie avec la mémoire grande ouverte comme un tiroir vide, puis cette automnale saison qui est celle des méditations tendues vers les joies abolies. Ce ciel de cuivre des couchants trop tôt venus dans la journée ne sonne-t-il pas, pour vous comme pour moi, la fanfare silencieuse des amours anciennes et des anciens bonheurs ? L'horizon m'apparaît alors, dans ce jaune déclin du soleil traversé de nuées que chevauchent de fantastiques cavaliers, comme une chasse lointaine qui passe avec des rumeurs d'hallali dans l'air fouetté de feuilles mortes. Ce sont mes anciens rêves, mes désirs d'autrefois qu'emporte la croupe échevelée des chimères, tandis que la nuit descend où je les irai rejoindre un jour, chasseur attardé moi-même que l'ombre surprend au bord du chemin de ses premières tendresses. Une chanson d'antan me monte aux lèvres :

> Temps mélancolique d'automne,
> J'adore, pour me souvenir,
> Ton jour pâlissant qui s'étonne
> De voir le soir si tôt venir.
>
> D'un regard perdu j'aime à suivre
> Le vol pensif de mes regrets,
> Vers des couchants rayant de cuivre
> La chevelure des forêts,
>
> Et, blanches parmi les fumées
> De tes horizons incertains,
> A voir passer les bien-aimées
> De mes rêves déjà lointains !

Quand je me demande avec sincérité, creusant dans le jardin fleuri de mon enfance, quand je commençai d'aimer, je finis toujours par découvrir que j'ai aimé toute ma vie. Je me rappelle à merveille une fessée que je reçus, avant l'âge de six ans certainement, pour m'être caché dans la chambre d'une vieille demoiselle dont j'étais épris, dans le but inavouable d'assister à sa toilette du soir. Elle me découvrit sous les rideaux de son lit et me livra impitoyablement au bras séculier de mon père. Il était trop tard : car j'avais assisté à quelques menus exercices de cavalerie hydraulique où le spectale de ses charmes m'avait été donné dans un sonore barbotement d'eau. Je me souviens parfaitement de ce que je vis. C'était copieux et c'était rose. Je ne regrettai pas les claques que je reçus sur le derrière à cette occasion, et puisque cette méchante personne fut sans égard pour ma passion, je proclamerai qu'elle s'appelait Zoé et était nièce du curé d'une des plus importantes paroisses de Paris, voire de la plus mondaine. Elle venait, tous les ans, chez ma grand'tante, à la campagne, avec son oncle, qui, lui aussi, était rose et copieux. Ce qu'on appelle : air de famille n'est pas toujours un vain mot.

Ce début laborieux dans la carrière de séducteur ne me découragea pas. J'obtins d'autres fessées pour avoir été familier avec la gouvernante de ma grand'tante et avec la petite fille du jardinier. Je ne sais pas où j'ai la mémoire placée, mais ces mauvais traitements y sont restés gravés à travers les temps. Tout cela n'était au fond que des amourettes. Ma première passion sérieuse ne me vint que vers neuf ans, dans une maturité relative ; mon cœur, exercé par ces escarmouches, était prêt à livrer enfin un grand combat. Je ne vous compromettrai pas, Madame, qui avez aujourd'hui mon âge; mais l'univers entier, que j'aime à croire composé de mes lecteurs, sauf quelques peuplades insignifiantes et quelques hommes politiques sans importance, saura que vous aviez alors la plus délicieuse tête blonde qu'on pût rêver, que vous sembliez une gerbe de blé céleste où votre bouche étincelait comme un coquelicot au soleil, où vos yeux semblaient deux bluets perdus dans la moisson. Oui, certes, je révèlerai à ce monde recueilli qui m'écoute, à l'exception d'une douzaine de Patagons et de quelques députés, que vous étiez un rêve vivant, un bouquet qui marche comme la forêt de Macbeth, un écrin animé où vos petites dents sonnaient dans votre voix comme des perles qui s'égrènent... O Ma... dame — j'allais dire votre petit nom et ajouter : idole de mon âme ! comme dans *Guillaume Tell*. Mais je suis bien trop discret pour cela. Maintenant, si quelqu'un devine comment vous vous appelez, ce ne sera vraiment pas ma faute.

Nous avions un professeur en commun qui faisait aussi la classe à trois petites cousines de mon adorée. Ce m'est vraiment une occasion merveilleuse de donner un mot de souvenir à ce premier maître. Car, l'instruction passant pour le plus grand des biens dans tous les discours officiels, je ne dois à personne autant qu'à ce bon M. Pacaud qui quittait religieusement, trois fois par semaine, son école d'Evry-sur-Seine pour me venir donner des leçons d'écriture et de géographie, en compagnie de ces demoiselles. Avant de pénétrer dans notre salle d'études, il ne manquait jamais de passer par la cuisine où il se chauffait les mains, de grosses mains rouges et tourmentées comme des sarments de vigne, au grand feu devant lequel tournait déjà la broche, ces choses mémorables se passant une heure environ avant le dîner. De cette fumigation, M. Pacaud rapportait à ses doigts une odeur de rôti qui augmentait encore notre appétit et nous faisait paraître sa conférence plus longue encore. C'était un homme d'aspect austère et très commun, mais excellent et d'une patience à toute épreuve. Nous étions remarquablement inattentifs à ses paroles, mais il se résignait volontiers à ne parler que pour lui-même, parce qu'il trouvait qu'il parlait très bien et avait grand plaisir à s'entendre. Un peu d'orgueil était son seul défaut. Ainsi à l'église, le dimanche, où il jouait du serpent, il ne manquait jamais de partir avant les chantres et de terminer son accompagnement longtemps après eux, pour bien faire comprendre qu'il était fort capable de faire un solo. Rarement il nous donnait des pensums, mais ils étaient terribles. C'était invariablement un verbe composé d'une phrase entière comme celle-ci : « Je suis puni pour avoir fait la grimace à ce bon M. Pacaud ». — « Tu es puni pour avoir fait la grimace... etc. » ou bien : « Je sais à présent que Londres n'est pas la capitale de l'Allemagne ». —Tu sais à présent... etc. » C'était d'un ennui et d'un long! Quand il nous collait une de ces punitions redoutables, il prenait machiavéliquement son menton entre les ongles de sa dextre et nous regardait en dessous de ses gros sourcils broussailleux et grisonnants avec un air qui signifiait : Eh! eh! voilà qui ne vous fait pas rire!

Il nous était interdit formellement de nous corriger mutuellement nos devoirs avant son arrivée. Mais par quoi se trahirait et se manifesterait un amour naissant et passionné sinon par une révolte complète contre toutes les lois divines et humaines? Le Titan raillant les dieux jusque sous leur foudre est l'image fidèle de l'homme vraiment épris. Ma... bien-aimée n'avait pas le génie de l'orthographe, lequel est d'ailleurs bien moins essentiel à une femme que la beauté. Toute la syntaxe, y compris la règle des participes et la conjugaison des verbes irréguliers, pour de jolis nénés et des hanches noblement arrondies suivant les impeccables décrets de la statuaire antique! Je vous vendrai quand vous voudrez un lot complet d'except'ons et d'exemples de langage pris dans les meilleurs écrivains pour un mollet un peu haut, comme je les aime. Que voulez-vous! Ce n'est pas l'âme de Burnouf, mais celle de Léandre qui habite ma poitrine. Donc elle faisait pas mal de fautes, l'adorable créature, et, comme elle était très inhabile à les réparer, c'est moi qui, mon canif à la main, un canif arrondi qui enlevait très bien les lettres, sans mordre trop avant dans l'épaisseur du papier, qui corrigeais ses bévues avant que M. Pacaud les vînt constater.

Ce jour-là (elle avait encore moins de génie qu'à l'accoutumée), elle avait écrit : *comédie* avec un *q*. Et quel *Q!* modulé avec amour et netteté par une plume caressante. Le temps pressait... le maître allait venir. Je sortis mon instrument bien vite et me mis à l'œuvre pour faire place nette au C que je méditais. Mais, par quel miracle? M. Pacaud, entré sournoisement, était déjà derrière moi, sans que personne eût pensé à me pousser le coude pour m'en avertir. On ne rôtissait pas probablement à la cuisine ce jour-là. Il mit sa lourde main sur mon épaule.

— Qu'est-ce que vous faites-là, Monsieur? me dit-il sévèrement.

Je balbutiai; j'étais tout rouge.

Lui, d'un ton dégagé, celui d'un homme qui ne veut pas s'attarder à un incident sans portée, reprit d'une voix calme, mais gouailleuse, très ingénue d'ailleurs et sans malice :

— Vous en serez quitte pour conjuguer trois fois le verbe : « Je suis châtié pour avoir gratté le Q de mademoiselle Ma...

Il s'arrêta net, en devenant plus rouge que moi-même. Mais sans se troubler et en ébauchant simplement une pantomime d'excuse vers la cause vivante et souriante de mon malheur :

— Non! au fait! Vous mettrez : « Pour avoir gratté le mien! »

Et il ajouta :

— Vous, mon gaillard, les femmes vous en feront faire de belles.

C'était un rude prophète que M. Pacaud.

TABLE

AVANT-PROPOS.

I

PROFILS PERDUS

I	George Sand................................	3
II	Théophile Gautier.......................	21
III	Philothée O'Neddy......................	51
IV	Emile Deschamps........................	69
V	Français......................................	79
VI	Achard...	87
VII	Emile Villemot...........................	95
VIII	Amédée Cantaloube.....................	103
IX	Henry Forneron...........................	111
X	Arsène Houssaye.........................	119
XI	Jeanne Thilda.............................	127
XII	Thérésa..	135
XIII	Armandus Silvestris.....................	143
XIV	Le café Guerbois.........................	151
XV	Agar..	181
XVI	Les Pierrots.................................	189

II

LES VILLES LOINTAINES

I	A Toulouse..................................	199
II	A Bruxelles..................................	221

III	A Anvers...	229
IV	A La Haye...	235
V	A Bruges...	243
VI	A Agde...	251
VII	A Orange..	257
VIII	A Saint-Cloud.....................................	263
IX	A l'Odéon...	269

III

INTIMITÉS

I	Ange Bosani.......................................	277
II	Le souper d'Hernani...............................	285
III	Toiles de fond....................................	291
IV	Coi.n de salon....................................	297
V	Dominica..	305
VI	Amours équestres..................................	311
VII	La Statue...	317
VIII	M. Pacaud...	325

4318. — Poitiers, Imprimerie BLAIS, ROY et C¹ᵉ, 7, rue Victor-Hugo.

www.ingramcontent.com/pod-product-compliance
Lightning Source LLC
Chambersburg PA
CBHW060500170426
43199CB00011B/1278